JN218999

アスリートのための「こころ」の強化書

メンタルトレーニングの理論と実践

大阪体育大学教授
土屋裕睦
Hironobu Tsuchiya

｜企画協力｜
特定非営利活動法人 日本トレーニング指導者協会

草思社

まえがき

本書は、コーチとアスリートの「こころ」の強化に携わってきた筆者が、メンタルトレーニングやスポーツカウンセリングの理論と実践について、スポーツに関心を持つ多くの方に知っていただくことを目的に刊行されました。この種の「スポーツメンタル」に関わる図書はすでに多く出版されていますので、本文に入る前に、本書の概要、特に類書にない特徴について述べておきます。

はじめに、この本の執筆者について自己紹介させて頂きます。筆者はスポーツ領域で活動をする心理師で、この種の図書でよく見かける「カリスマ」メンタルトレーナーでもなければ、心理学の「第一人者」でもありません。全国に7万人以上いるであろう公認心理師のひとりで、多くの先輩・後輩カウンセラーや監督・コーチ・トレーナーなどの同僚たちに助けてもらいながら、日々臨床活動を行っている、「普通の」心理師です。ですので、ドラマチックなメンタルの物語とか、スポーツの心震わす感動物語などを求めて手に取られた方には、もしかすると期待外れな内容になっているかもしれません。

「普通の」心理師にとっては、いわゆる心理相談（カウンセリング）を中心とした臨床が中心的な活動です。つまり、「事例に始まり、事例に学び、事例に還る」ことを旨として、日々を過ごしています。同時に、自己研鑽のための教育・研究活動を行うことも責務となっています。例えば筆者であれば、大学教員ですので、メンタルトレーニングの方法を学生アスリートたちに教育したり教科書を執筆したりしています。時折、教授として、これから資格を取得しようとしている大学院生さんたちの指導（スーパービジョン）も担当しています。また、より有効なメンタルトレーニングの方法を開発できるように研究して、論文を執筆したりしています。これらは、日々の心理相談などの臨床活動といわばセットになったもので、研究と実践の往還を図ることが心理職の責務です。筆者もこれらの活動に明け暮れてきましたので、これまでに本書のような一般の方にも読んでいただけるような概論書を執筆する機会もなく、すでに還暦を迎えました。今回、様々な偶然が重なり、本書を刊行できたことを、驚きつつもうれしく思っています。

筆者は「普通の」心理師ですが、強みもあります。まず心理師は「事例に始まり、事例に学び、事例に還る」ことを大切にしていますので、より具体的にイメージしやすい、実践現場の状況を読者に伝えることができます。筆者はスポーツメンタルトレーニング指導士として、体育系大学の相談室やプロスポーツチーム、日本代表チームの他、中高生の部活動、地域のタレント発掘現場など様々なスポーツ現場において、およそ35年にわたり臨床活動を行ってきました。ですから様々な年代の、様々な競技レベルの、様々な心理的課題を抱えたアスリートのこころ模様をお伝えすることができると思います。

この特徴を活かすため、本書では各章の導入の後に「事例」を紹介しています。もちろん、ここで提示されている事例は、実際のクライエントさんのお話ではありません。この点が他の啓発書との違いです。国家資格である公認心理師は法の定めにより個人情報を秘匿する義務を負いますので、実在のアスリートや個人について言及することはありません。本書で提示されている事例は、これまでの相談事例の積み重ねの中から、本質をゆがめないよう注意しながら、競技名等の事実関係を改変して提示したものです。したがって、むしろ実際のクライエントさんの事例を提示する以上に、臨床的リアリティを伝えることができているのではないかと思います。

他にも「普通の」心理師ゆえの強みがあります。それは研究と実践の往還を図ることにより、「巨人の肩の上に乗る矮人」のことわざのごとく、心理学という積み重ねられた学問（巨人）の肩の上に乗って、世界を見ることができる点です。したがって本書でも、事例の提示の後に「理論解説」の項を設けています。そこでは、この事例を深く味わい、スポーツ現場の問題や課題を広い視野で理解するための理論的枠組みを提供しています。このことにより、読者は、事例の背景にある様々な心理学的な課題を認識し、それを解決するための視座を得ることができると思います。

理論解説の後には「事例のその後」を書き加えています。読者にとっては、事例を読んで思い浮かべた自身の仮説（見立て）について、いわば答え合わせのような時間になるでしょう。事例の多くは、何らかの心理的課題を抱えて来談したアスリートの相談についての描写でしたが、メンタルトレーニング指導やカウンセリング体験を通じて、どのように変容していくのか、その歩みの一端を共にすることになります。そして簡単なまとめの後には「理解を深めるためのチェックポイント」を設けておきました。そこに示した3つの問いかけに答えることで、各章での学びが、読者自身の成長につながる気づきになればと期待しています。これが本書の意図した「事例に始まり、事例に学び、事例に還る」ための道筋です。

最後に、筆者が依って立つ学問領域であるスポーツ心理学についても簡単に触れておきます。この学問は文字通り、「スポーツ」と「心理学」が合わさった分野です。前半のスポーツは研究の対象を、後半の心理学は研究の方法だと解すれば、スポーツを対象に心理学の方法で探求する学問だと言えますが、その内容は実に多彩です。一言でスポーツと言っても、競技スポーツだけでなく、学校における体育もあれば健康のための運動も含まれます。一方心理学も、臨床心理学のみならず、社会心理学や実験心理学などがありますので、それらを掛け合わせると様々な色合いのスポーツ心理学が浮かび上がるでしょう。とりわけ、スポーツは身体活動が主であるのに対して、心理学は主に精神活動を扱うという、この組み合わせの妙もあります。要するに、何が飛び出すか分からないところに、この学問の面白みがあると思います。

本書には、自己啓発書に書かれているようなドラマチックなメンタルの物語とか、スポーツの心震わす感動物語はありませんが、「事例に始まり、事例に学び、事例に還る」地道な体験を通じて、私たち人間のこころの豊かさ、しなやかさに気づくきっかけが得られるのではないかと思います。それは読者にとって、自身のより良いあり方（ウェルビーイング）を探る道標にもなると思います。それでは、何が飛び出すか分かりませんが、スポーツにおけるこころの強化の現場にご案内いたしましょう。

土屋裕睦

目次
CONTENTS

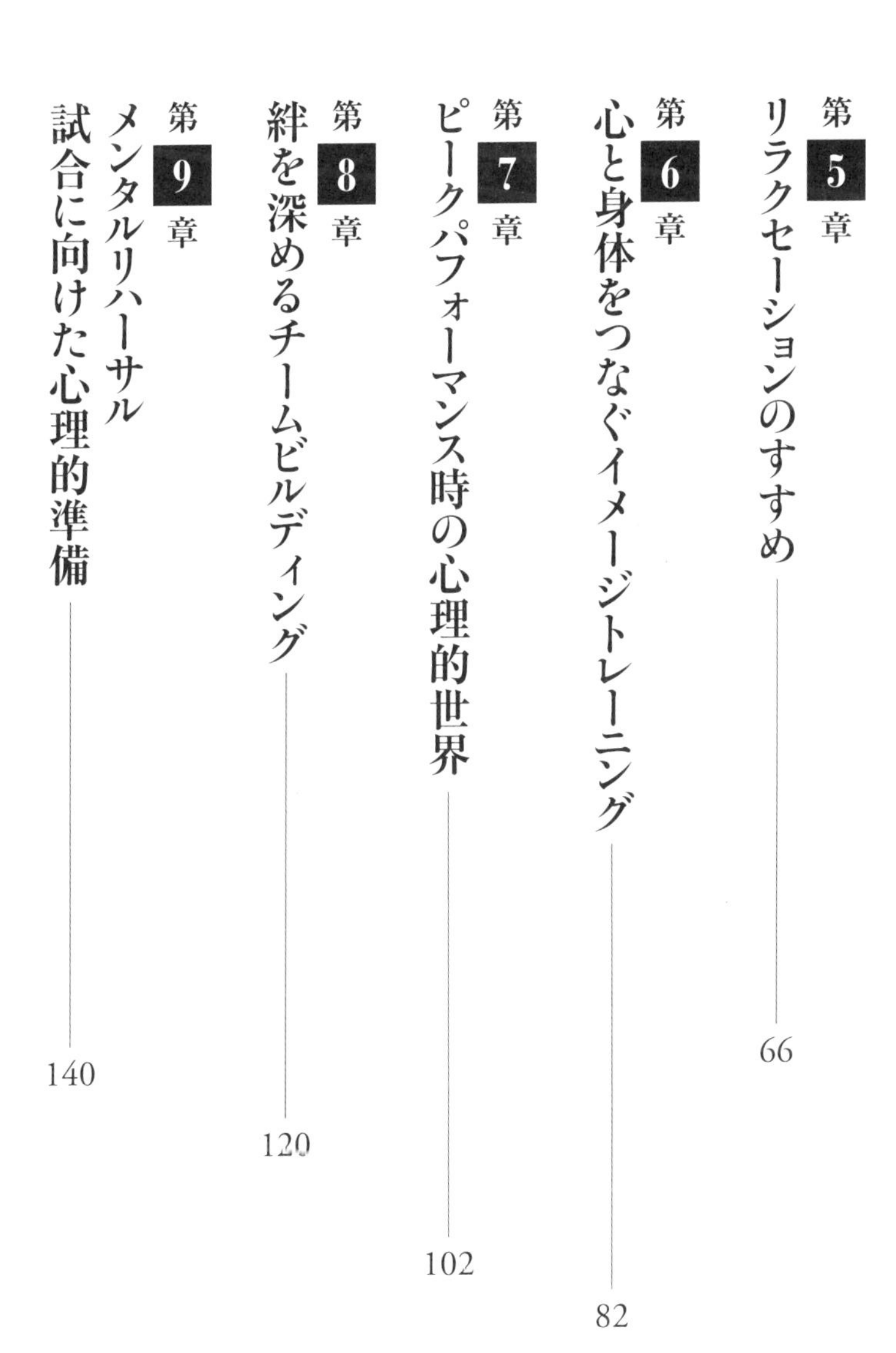

目次
CONTENTS

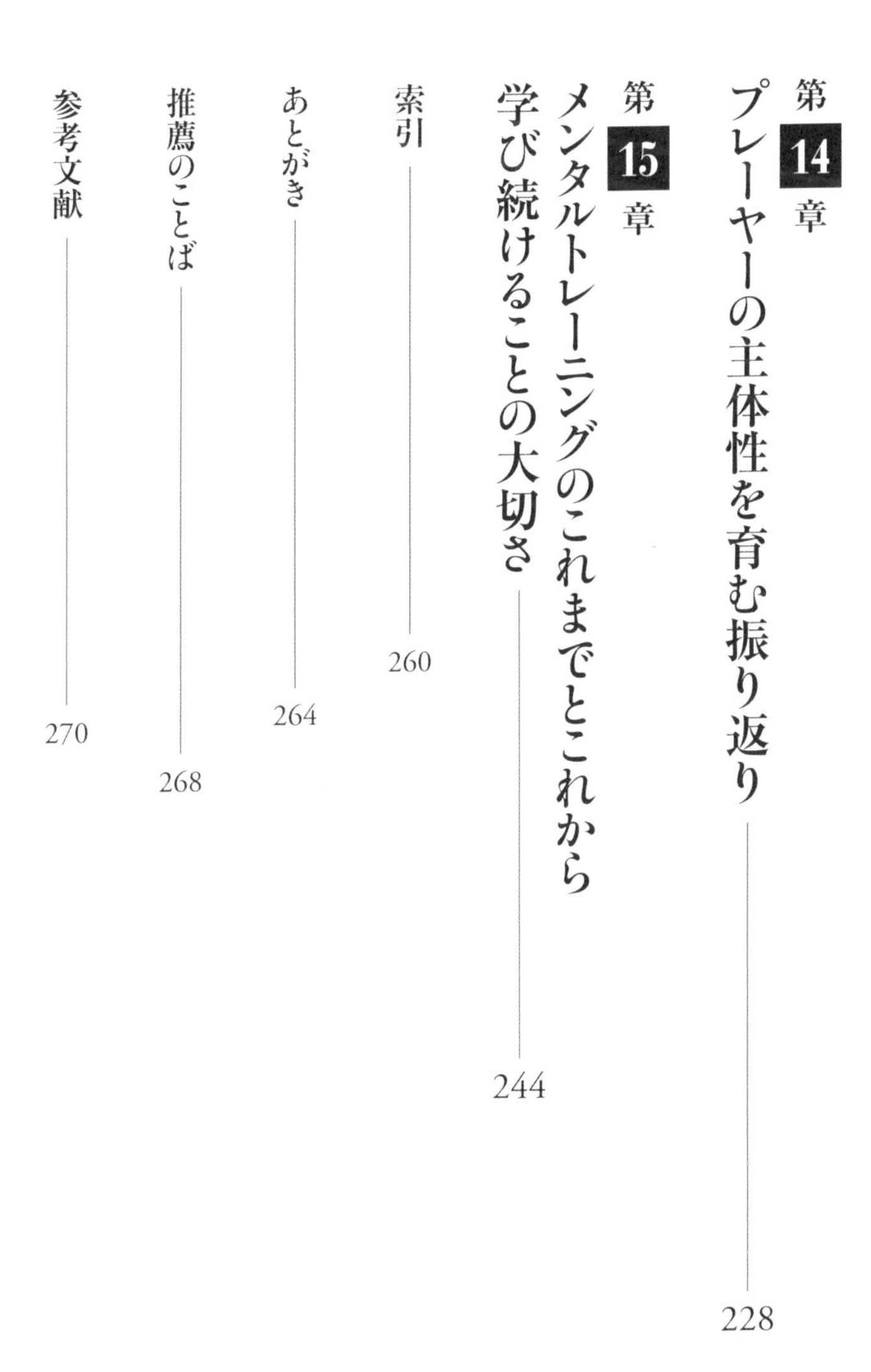

第1章 メンタルトレーニング事始め

本書ではコーチとアスリートのための「こころ」の強化に役立つ教科書（強化書）を目指して、メンタルトレーニングやスポーツカウンセリングの理論と実践について情報提供を行います。

ここでいうコーチとは技術指導を行うコーチだけでなく、ストレングスコーチやトレーニングコーチ、アスレティックトレーナーを読者として想定しています。もちろん、スポーツ少年団などで指導を行う、お父さんコーチにも読んでいただけたらうれしいです。特に保護者は、若いアスリートにとっては重要なアントラージュ（取り巻き、支援者）ですので、彼らの「こころ」の成長に役立つ知識を持っていただくことは重要だと考えています。

またアスリートについては、様々な年代の、様々な競技レベルの競技者に加え、スポーツの愛好家にも読んでいただけることを想定しています。中学生・高校生から大学生、社会人、そして中・高齢者まで興味を持っていただけるよう努めたいと思います。したがって、あまり理屈っぽい話よりも実際的な話を、また「正しい」知識と同様に「役立つ」知識についても提供できるようにしたいと考えています。

とはいえ、「こころ」は身体に比べて目に見えづらく、その捉え方も人によって多様です。アスリートに対して、「あなたの『こころ』はどこにありますか?」と聞くと、頭（脳）を指す人もいれば、胸（ハート）に手を当てる人もいます。中にはスピリットや魂だという人もいます。学術的にも、研究の文脈によっては「こころ」を精神的（mental）と訳す場合と、心理的（psychological）と訳す場合とがあります。このような多様性を意識しながら、本書ではこれらすべてを含むものとして「こころ」と表記しておきます。

各章では、毎回テーマを変えて、コーチとアスリートの「こころ」の強化に役立つ内容を紹介していきたいと思います。第1章では、『メンタルトレーニング事始め』と題して、私自身の心理サポートの出発点となった経験をお伝えしようと思います。

事例の提示

メンタルトレーニングに興味があるといって来談したサトシさん

筆者は、大阪体育大学に設置されたスポーツカウンセリングルームでカウンセラーをしています。前職（筑波大学スポーツクリニック・メンタル部門）から数えると30年以上にわたって、アスリートやコーチの心理サポートを担当してきました。第1章では、メンタルトレーニング事始めとして「メンタルトレーニングに興味がある」といって来談したアスリートの事例を紹介します。私自身も新米カウンセラーだった頃の話です。紹介にあたり、名前をサトシさん（仮名）としておきます。

なお、私たち心理サポートの専門家（日本スポーツ心理学会認定スポーツメンタルトレーニング指導士）には守秘義務がありますので、競技名や相談の内容については秘匿したり、本質をゆがめない範囲で改変して示すことにします。

サトシさんとは、入学式後の4月の中旬にお会いしました。いつものように私がスポーツカウンセリングルームに出勤すると、廊下で待っていてくれたのがサトシさんでした。通常、利用者は電話等で事前に予約をしてから来室されることが多いので、アスリートが直接来談し、開室時間前から廊下で待っていてくれるのは珍しいことでした。

予約受付のために招き入れると、「メンタルトレーニングに興味があります。やってみたいです！」と元気よく言われました。手には私たちが執筆した「メンタルトレーニング・ワークブック」という教科書を持っています。初回面接日を決めるためスケジュールを聞きながら、「サトシさんは、メンタルトレーニングに興味があるんですね……。近く、大事な試合とかがあるんですか？」と聞くと、「いえ、僕はまだ1年生で、入部したばかりなのでまだボールも触らせてもらえません」と答えました。「へぇ、そうなんですね。それで、メンタルトレーニングに興味があるっていうのは？」と尋ねると、「え、いや、あの……、ただメンタルに興味が……」のように、あいまいな回答でした。

私は、彼のちょっと困ったような様子を見て、「分かりました。では初回にそのあたりも聞きながら始めることにしましょう」と言って、受付を終えました。

理論解説

1 トレーニングかカウンセリングか

読者の皆さんは、サトシさんが「メンタルトレーニングに興味がある」といって来談してくれた背景にどのような動機、言い換えればどのような心理的課題があったと想像されるでしょうか。「こころ」の問題はなかなか言葉に表しづらく、また理解しづらいものです。

当時の私は新米カウンセラーで、教授（スーパーバイザー）の指導・助言の下で心理サポートを担当していました。私はサトシさんが「メンタルトレーニング・ワークブック」を持参してくれていたことから、その本に記載しているメンタルトレーニングのプログラムに沿って、第1回目の内容を指導できるように準備しようと考えていました。そのことをお話しすると教授は「それも大事ですが、初回面接ではまず、来談してくれたアスリートの話をしっかり聴くようにしましょう」とアドバイスをしてくれました。

私は当時大学院を修了したばかりで、メンタルトレーニングの専門家になることを目指して研修を受けたり研究を行ったりしていました。サトシさんの持参した「メンタルトレーニング・ワークブック」はその手順を示したものでしたので、目標設定やイメージトレーニングといったメンタルトレーニング指導を実施することで、きっとサトシさんの要望に応えられると考えていました。ですので、教授からのアドバイスは少し意外に感じましたが、それに従うことにしました。

2 心理サポートの伝統的な区分

意外に感じた理由は、当時の私はメンタルトレーニングとスポーツカウンセリングを区別していたからです。その基となる考え方を表したものが図1-1です。

この図では、アスリートの行動を「異常な行動」から「優れた行動」の連続線上に配置し、「普通の行動」から左側を臨床スポーツ心理学者（例 スポーツカウンセリング）の担当領域、右側を教育的スポーツ心理学者（例　メンタルトレーニング）の担当領域として区別しています。サトシさんのような大学生アスリートは、大学生であるという「普通の行動」に加え、アスリートとしても活躍しようとする「優れた行動」を目指している人であるので、カウンセリングではなく、メンタルトレーニングの指導が適切だと当時は考えていました。

しかしその後、30年ほど実践と研究を続ける中で、この2つの区別は正しいかもしれないが、実際の現場で役立たせるためには注意が必要だということに気づき始めました。

例えばオリンピックメダリストのようなトップレベルのアスリートの心理サポートを担当する中で、彼らの一部には、競技場面で極めて優れた側面を発揮する一方で、時折、私たちから見れば異常とも思えるような側面（例　完璧主義や攻撃性）を垣間見せることがありました。優れた側面と異常な側面がこの図のように単純に区別できないどころか、それらが相まって彼らの非凡な個性となり、トップアスリートたら

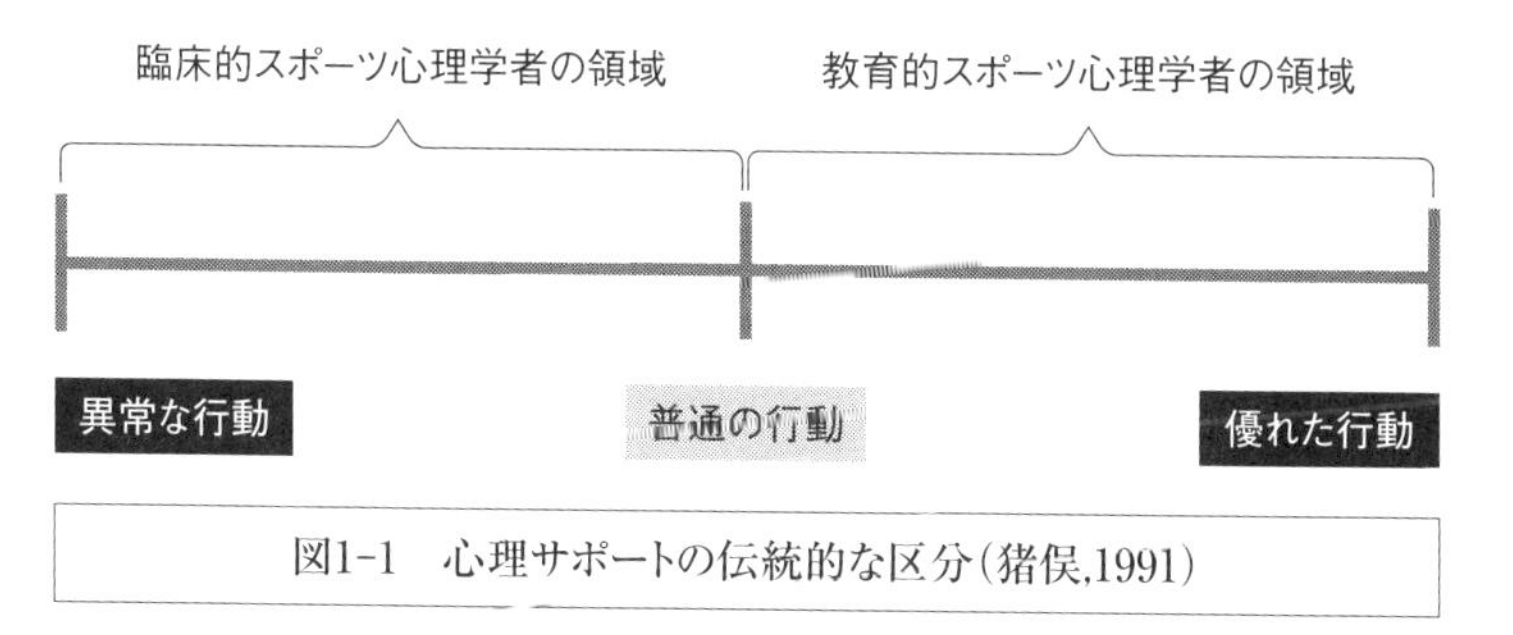

図1-1　心理サポートの伝統的な区分(猪俣,1991)

しめているのではないかと思われるケースにも出会うことがあります。もちろんここでいう異常とは、精神病理学的に異常（病気）ということではなく、非凡な心性（メンタリティ）がある（感じられる）という意味です。

何より、私たち専門家の心理サポートは、異常な行動の改善や優れた行動の促進のためだけにあるのではなく、彼ら自身の人間的な成長やウェルビーイング（心理・社会的な幸福）のためにもあるべきだと考えると、このような区別よりは、目の前のアスリートの訴えをしっかり聴くことがまず大切だと考えるようになりました。本章で紹介するサトシさんの事例からもそのことを強く「諭された」ように感じています。

事例のその後

サトシさんに対する心理サポートがその後どのような経緯をたどったか、簡単に報告したいと思います。

サトシさんは、来談して着席するとすぐに「メンタルトレーニング・ワークブック」の最初のページを開き、「よろしくお願いします！」と言われました。私は「こちらこそよろしくお願いします」と答えた後に、スーパーバイザーである教授のアドバイスを念頭に、相談室の決まり事、例えば相談の秘密は守られること、ここではどんなことを相談してもよいことなどを伝えました。

するとと、サトシさんは「どんなことでもいいんですか？」と尋ねられたので「ええ、どんなことでも大丈夫ですよ」と答えました。サトシさんは、しばらくもじもじした後に、「実は……、部活が嫌になっているんです」と話されました。私は「あれ？　メンタルトレーニングがしたいのではないのかしら……」と思いながらも、話を聴くことにしました。

その後、サトシさんは週1回、50分の面接に約1年にわたり来てくれました。家庭の事情で祖父母宅に預けられて過ごした幼少期、常に「何でもできる」兄と比べられて辛かったこと、そのせいか他者からの期待を必要以上にプレッシャーに感じてしまうこと、その分完璧主義で頑張ってきたこと、それが高校時代全国レベルで活躍する原動力になっていたこと、しかし頑張りすぎるとうつっぽくなってしまって動けなくなること、などを日々の出来事やエピソードを通じて教えてくれました。

サトシさんは頭（意識）では「もっと前向きに、ポジティブに」と分かっていても、実際の競技場面ではできないことが多く、面接を続けていてもなかなか改善せず、私も役立てていない無力感を覚えながら辛い時間を過ごしていきました。

あるとき、部活動でとてもみじめな体験をしたことを泣きながら語ってくれたサトシさんが「こんな自分を変えたいんです」と呟かれました。そのとき「だからメンタルトレーニングに興味があったのか……」とようやく私も悟りました。

それ以降の私は「もっと前向きに、ポジティブに」と言いたくなる気持ちを抑えながら、サトシさんの話を一生懸命に傾聴し、その気持ちを共感的に理解するよう努めました。そうすると彼が語る辛い体験には、そうせざるを得ない彼なりの理由があり、同時にその訴えは、よりよく生きようとする意志の芽生えのようにも感じられました。

すると不思議なことに、窮地に思わぬ支援者が登場したりして事態が好転するなど、彼の成長の可能性を強く確信するような出来事がいくつか起こりました。面接でも次第に笑顔が増え、自分で考案したイメージトレーニングのやり方を私に解説してくれたり、仲間と一緒に目標設定を行うなど、主体的にメンタルトレーニングに取り組んでいることを紹介してくれました。

その後、1年が過ぎ4月になるとトップチームのレギュラーに抜擢されたことを報告してくれました。そして「これからは後輩の面倒を見なければいけないし、試合の準備で忙しくなるので面接には来られません。この後は自分でやってみます」と言って終結となりました。

振り返ってみると、他者からの期待に応えようと、完璧主義で頑張ってきたサトシさんでしたが、大学の部活動になじめないという悩みから自分を変えたいと思ってメンタルトレーニングを希望されたようでした。もしこのような「こころ」の背景を十分に理解しないまま、実際にメンタルトレーニングの指導を行っていたら、サトシさんはきっと私の期待に応えようとして頑張って、そして疲れてしまっていたことでしょう。

　メンタルトレーニングであれカウンセリングであれ、心理サポートは「させようとする前に分かろうとせよ」が基本であり、その答えは来談者の中からしか出てこないことを、サトシさんは私が「悟る」まで、前述の通り、身をもって「諭して」くれたような1年でした。

まとめ

　東京2020オリンピック・パラリンピック競技大会では、開催前の段階でコロナ禍により様々な大会の延期や中止が余儀なくされ、アスリートのメンタルを心配する声が高まっていきました。筆者は日本オリンピック委員会の科学サポート部門員として、日本代表選手のメンタルヘルスに関する全国調査に参画し、分析を担当しました。その結果、北京2022大会を目指す冬季種目の日本代表選手に比べ、延期された東京2020大会を目指す夏季種目の代表選手の中に、抑うつや不安障害に注意の必要なアスリートが多いことを確認しました（土屋ら，2021）。

　その後、国立スポーツ科学センターの心理グループに所属するスポーツメンタルトレーニング指導士や公認心理師（あるいは臨床心理士や医師）と共同で、彼らの支援のために相談窓口の拡充などに努めていきました。その際も、目の前のアスリートや彼らを心配するコーチの話に耳を傾け、辛い心情の中にも彼らの成長の可能性を信じて、関わっていくことができました。

第2章から紹介するメンタルトレーニング技法は、競技力向上や試合場面での実力発揮に役立つ、有効なツールだと考えられます。その事始めにあたり、第1章では、競技で卓越を追求することが、彼らのウェルビーイング（心理・社会的な幸福）やキャリア発達に役立つような心理サポートのあり方を、読者の皆さんと一緒に考えてみようと思いました。一言で表現すれば、「させようとする前に分かろうとせよ」となるでしょうか。そして「こころ」の悩みは、その向き合い方次第で成長の糧になりうることも、コーチやアスリートの皆さんと共有しておきたいと考えました。

本書を通じて、メンタルトレーニングやスポーツカウンセリングの実際に触れていただくことで、読者の皆様の「こころ」への理解が深まることを期待しています。

理解を深めるためのチェックポイント

1

本章で紹介したサトシさんの相談に対して、あなたならどのように対応するか、またなぜそのように対応するのか、考えてみましょう。

2

図1-1で示した心理サポートの伝統的な区分について、プレーヤーのウェルビーイングを重視する現代の考え方を反映させるなら、どのように図示できるか、考えてみましょう。

3

本章で強調された「させようとする前に分かろうとせよ」について、プレーヤーの主体性を大切にする「プレーヤーズ・センタード」の視点からその効能を考えてみましょう。

第2章 自己への気づきを深めるアセスメント

第1章では「メンタルトレーニングに興味がある」と言って来談したサトシさん（仮名）の事例を紹介しながら、競技での卓越を追求することが、アスリートのウェルビーイング（心理・社会的な幸福）やキャリア発達に役立つような心理サポートのあり方を検討しました。また、心理サポートでは「させようとする前に分かろうとせよ」を基本とし、「こころ」の悩みは、その向き合い方次第で成長の糧になりうることについても触れました。

本章からは、メンタルトレーニング指導の一般的な進め方に基づき、心理サポートの重要なポイントについて、事例を紹介しながら解説していきます。

メンタルトレーニング指導では、まず心理アセスメントを通じて選手理解に努め、どのような心理技法を習得することが心理面の課題解決に役立つかを、アスリート本人と一緒に考えていきます。心理アセスメントとは対象者の心理を観察し評価することであり、医師であれば「診断」にあたるものですが、私たち心理サポート担当者は「心理査定」とか「見立て」「評価」のように呼んでいます（土屋ら，2021）。

メンタルトレーニングでは、リラクセーションやイメージトレーニングといった心理技法の指導が中心のように思われますが、これらの技法指導に先立って、サポートを求めるアスリートの心理面を適切にアセスメント（評価）することが、トレーニングの成否を分けるほど重要な意味を持ちます。そして、それはアスリートとの共同作業によって初めて成り立つものであり、アスリートの自己への気づきをいかに促すかが重要となります。

以下では、心理アセスメントの実際を伝えるために事例を紹介します。なお、私たち心理サポートの専門家（日本スポーツ心理学会認定スポーツメンタルトレーニング指導士）には守秘義務がありますので、競技名や相談の内容については、本質をゆがめない範囲で改変して示していることを予めお伝えしておきます。

事例の紹介
「メンタルを強くしてほしい」といって来談したリョーマさん

リョーマさん（17歳男性、仮名）は、地域の名士であるお父さんに連れられて、筆者の勤めるスポーツカウンセリンググルームへ来談しました。中学から海外の有名なテニススクールに留学し、持ち前の強気なプレーでめきめき実力を上げていきましたが、いよいよ大会に出場するようになると、とたんに結果が出せなくなって、格下の海外選手に負けることも多くなったといいます。最近では気分が落ち込んでふさぎ込むこともあるそうです。

この様子を見たお父さんは「メンタルが弱い」と考えたようで、リョーマさんのメンタルを強くしてくれる先生はいないかとリサーチをされたようです。来談時にはスポーツ関係の国会議員さんからの紹介状を持参され、筆者にプロ選手として活躍できるメンタルを身につけさせてほしいと依頼されました。

筆者はお父さんのお話を伺いながら、真っ黒に日焼けしながらも、あどけない表情で、心細そうにしているリョーマさんの様子を見ていました。後から気づいたことですが、このとき、筆者自身もとても心細く感じていました。メンタルトレーニングは強くなりたいというアスリート本人の希望に沿って行うものであり、それに応じることで効果を上げることができます。しかし、本事例のように息子さんの「メンタルを強くしてほしい」というお父さんの依頼に応える自信はなく、それが心細さを感じる理由だったかもしれません。

その後、二人の時間を取らせてもらい、私からリョーマさんにメンタルトレーニングの概略を紹介しました。具体的には前章で紹介したように、メンタルトレーニングでは、リョーマさん自身の主体的な努力が必要となること、地道な心の作業であり継続することが重要であることなどを話しました。同時に、体調、特に食事や睡眠のことなども尋ねました。リョーマさんはずっとメモを取りながら受け答えしてくれていました。

最後に「どうですか？　メンタルトレーニング、やってみたいですか？」と尋ねると、「えっ。まぁ、はい……」と歯切れが悪そうに答えました。次回の来談時間の希望を聞くと、メモを続けながら「父が連絡してくれると思います」と答えられました。筆者はいっそう心細くなっていきました。そこで「お父さんは『メンタルが弱い』と言っていたけど、リョーマさん自身はどう考えているんですか？」と尋ねると「父の言う通りだと思います」と答えました。さらに心細くなった私は思わず「それはプレッシャーだなぁ……」と独り言を漏らしてしまいました。すると、リョーマさんは初めて筆者の目を見て、バツが悪そうに微笑みました。

理論解説

1　木を診て森も観る（全体像を俯瞰する）

心理アセスメントの基本は、関与しながらの観察です。実際に面談では、前述のような言葉のやり取りをしながら、そのしぐさや態度なども観察し、どんな人なんだろうという興味を持って、目の前にいるアスリートの全体像（臨床像とも言います）の理解に努めます。同時に、関与することで生じる筆者自身の心の動きにも注意を払っています。

リョーマさんとの交流で感じた心細さやプレッシャーは、筆者自身の個人的背景から生じている部分に加え、リョーマさんの置かれている「父－子関係」を色濃く反映しているもののように感じられました。

また、関与しながらの観察によってアスリートの全体像を理解するためには、図2－1に示すような包括的な枠組みが役立ちます。この枠組みは、生物・心理・社会モデル(bio-psycho-social model)と呼ばれるもので、例えば気分の落ち込み状態が観察される場合、その背景に

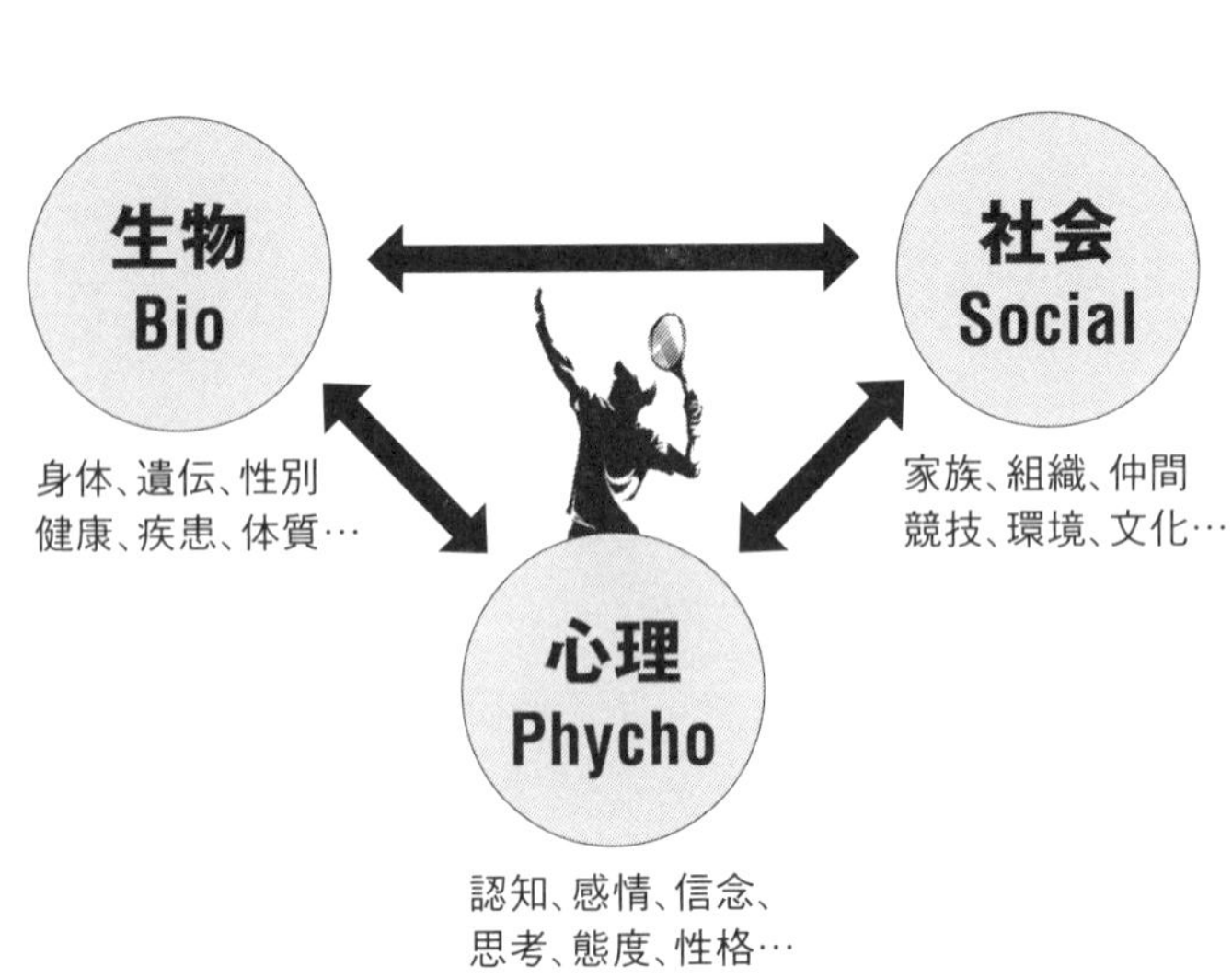

図2-1　心理アセスメントに有効な枠組み(生物・心理・社会モデル)

は、ストレスのような心理学的な要因だけでなく、身体的疾患（例 うつ症状）などの生物学的要因、家族関係やチームでの人間関係といった社会的、環境的要因のように、複数の要因を想定するという考え方です（土屋，2021）。

さらに、これら3つの要因が相互に関連し、お互いに抑制したり強化したりする円環作用があると考えます。リョーマさんへのアセスメントの場合、試合で実力を出せないことや気分の落ち込みといった心理学的要因と同時に、食事や睡眠などの体調（生物学的要因）について尋ねたり、お父さんがお話をしているときのリョーマさんの表情や様子を観察して家族関係（社会的要因）を理解しようと努めていたのはこのためです。

また、リョーマさんのようなジュニア〜ユース年代のアスリートと関わる場合は、発育・発達の年代的な特徴についても、考慮に入れておく必要があるでしょう。日本で生活をしているアスリートであれば高校から大学に進学する時期であり、アスリートにとってはアイデンティティ（自我同一性）が揺れ動く、自立のための大切な時期でもあります。

とかく心理学を専門にすると、気分や感情にのみ注意が向き「木を見て森を見ず」に陥りがちです。心理面の観察はもとより、生物学的な側面からも、社会的な側面からも、アスリートの全体像を俯瞰的に把握することが何より重要です。言わば「木を『診て』森も『観る』」アプローチです。

2　メンタルが「弱い」とは（ステレオタイプ脅威）

ところでお父さんは、リョーマさんのメンタルが「弱い」と決めつけていたようです。そしてリョーマさんもそのように考えているようでした。このことについて、読者の皆さんはどのように感じるでしょうか。また、ご自身のメンタルについて「強い」と感じますか？　それとも「弱い」と感じているでしょうか？

参考までに、自分はメンタルが「弱い」と考えているアスリートは相対的に多く、「人並だ、普通だ」と答えるアスリートよりも多いという特徴があります。ここには、ジュニア～ユース年代の指導にあたるコーチや保護者が知っておくべき落とし穴があります。それは「ステレオタイプ脅威」という社会心理学の概念で、自分たちはメンタルが弱いと信じている（刷り込まれている）場合、実際のプレーの場面でパフォーマンスが発揮できなかったりする割合が高くなる現象をいいます。自分は「メンタルが弱い」と信じることで、結果的に「メンタルが弱い」ことを証明した形になってしまうため、注意が必要です。

また興味深いことに、日本代表レベルのアスリートでも、自分はメンタルが「弱い」と語る人がいます。他にもプロ野球選手の場合、ファーム（2軍）や育成選手だけでなく、1軍でプレーする選手からも同様に「メンタルが弱い」という声を多く聞くことがあります。このことから、メンタルが強いか弱いかの判定は、極めて個人的かつ主観的なものであることが分かります。

1つの理由として、トップレベルになると体力的・技術的にレベルが拮抗しており、その結果、今後の課題としてメンタルが意識されるのかもしれません。いずれにせよ、アスリートの場合、メンタルが弱いというのはネガティブな意味合いだけでなく、心理面にさらに伸びしろ（成長の余地）があると考えて対応するのがよいと考えられます。少なくとも、「メンタルが弱い」と決めつけるよりも、それらはトレーニング可能であり、伸ばしたり改善したりすることができるという考え方が重要です。

3　メンタルはどのように測定するのか

リョーマさんとのメンタルトレーニングの初回セッションでは、そのことが話題になりました。メンタルが「弱い」と考えるなら、その根拠となる何らかの「ものさし」が必要です。しかしリョーマさんは、メンタルが弱いと考える理由については、「お父さんがそう言うから」とか「大切な場面でミスをするから」といった、ステレオタイプ的な、抽象的な説明に終始しました。

そこで、アスリートの心理サポートで活用できる心理検査を紹介しました。図2‐2はメンタルトレーニング指導におけるアセスメントの際に、比較的よく使用されている「心理的競技能力診断検査」のプロフィールです。関与しながらの観察が主観的なアセスメントであるのに対して、もう少し客観的なアセスメントのツール、すなわちこころの「ものさし」を持つことが、リョーマさんの自己への気づきを促し、また筆者との共同作業を可能にすると考えました。

リョーマさんには、この検査を実施する前に、図2-2のプロフィールに示す心理的競技能力の12の因子（判断力・予測力・決断力・自信・集中力・リラックス能力・自己コントロール能力・勝利意欲・自己実現意欲・闘争心・忍耐力・協調性）について、予想する結果を書き込んでもらいました。小学生からテニス漬けの生活で、かつ中学からは海外での生活が長かったこともあり理解しづらい言葉もありました。そのため、筆者の方で言葉の意味を補いながら、心理的競技能力についての理解を促しました。

例えば「忍耐力」とは「どんな状況でも我慢強くプレーすること」のように説明し、20点満点中何点ぐらいか、その理由はどんなことかを尋ねました。次第にリョーマさんは、「あっ、そういえば……」のように、試合でのエピソードや練習での課題への気づきを深めながら回答してくれるようになりました。忍耐力の後は、順に闘争心、自己実現意欲、勝利意欲、についても同様に、自己評価の点数とその理由を聴き取りながらプロフィールの作成をしてもらいました。そのことで、彼が所属していた海外のテニスクラブでの生活についてもその一端を知ることができました。

例えば、彼の所属していたクラブでは多くの才能あるアスリートが世界中から集まってきており、競争の激しいことが語られました。それに応じて、リョーマさん自身が、負け

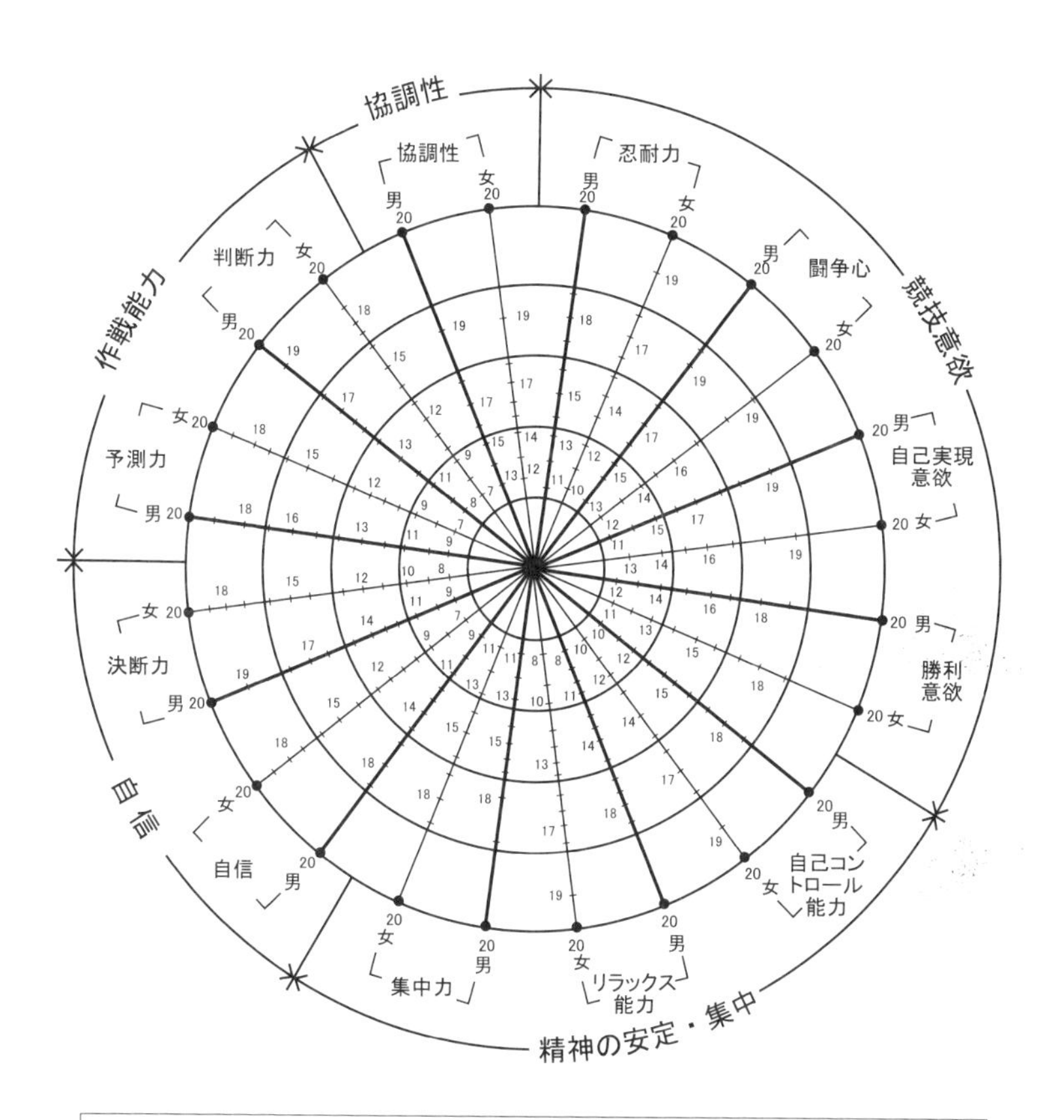

図2-2　心理的競技能力診断検査のプロフィール例
(トーヨーフィジカル社より許可を得て転載)

ず嫌いで闘争心は強い反面、必要な時に心身の緊張を緩和したり、気持ちに余裕を持ったりすることが苦手でリラックスがうまくできないことに気づきました。また様々な国から集まるアスリートたちとの生活では、国民性の違いからトラブルが日常茶飯事であり、周囲の仲間とうまく協調することができず、寂しさを感じていると報告してくれました。

プロフィールについて自己採点後、実際にこの心理検査に回答をして、自己採点の結果と心理検査の結果とを比べてもらいました。2つのプロフィールを比較しながら、リョーマさんは、自分のメンタルには、特長もあれば課題もあることを理解していきました。メンタルは強いか弱いかのように二者択一的に捉えるよりも、いくつかの要素に分かれること、そして特長はさらに伸ばし、短所は改善することができることを学んでいきました。

事例のその後

その後、リョーマさんとはリラクセーション技法やイメージトレーニング技法、認知-行動技法等を学びながら、競技引退までの6年間を共にすることになりました。来談当初は海外を転戦することへの心理的ストレスから、食事や睡眠が十分ではなく心身のリカバリー不足で疲労が溜まっている様子でした。図2-1の相互関係を説明したところ、疲労により頑張ろうと思ってもうまく集中できないことに気づき、栄養サポートを付けることで生活習慣の改善を目指した結果、次第に気分の落ち込みが改善しました。

また、帰国できない期間には、図2-2のプロフィールをこころの「ものさし」として、Good（試合中良かったこと、うまく発揮できたこと）、Bad（短所や改善点）、Next（次にどのように取り組むか）を報告してくれることが大会後の振り返りのルーティーンになっていきました。自己への気づきを深め、自己理解に努めることが、すなわち「こころ」のトレーニングになっていることを実感しているようでした。

3年目以降は、航空チケットやホテルの手配も自分で行うようになり、出場する大会も主体的に選んで転戦していきました。大会ごとに目標を立て、それに挑戦するような気持ちで取り組んだ結果、いくつかの大会で満足いく結果を出していきました。毎年シーズンオフに実施した心理的競技能力診断検査の結果を並べてみると、予測力や判断力といった作戦能力の因子が大きく向上し、それに伴ってランキングも上がっていったことが確認されました。

お父さんの希望通りプロ選手として活躍したリョーマさんは、現役生活引退後は、コーチになりたいという目標を持つようになりました。アメリカの大学への入学を勧める父親に対して、メンタルトレーニングの指導もできるテニスコーチを目指したいという自身の考えを伝え、最後は父親を説得して、精神的にも経済的にも自立していきました。

まとめ

本章ではリョーマさんの事例のうち、アセスメントに焦点を当てて紹介しました。フィジカル面であれば、身長や体重、筋組成に始まり、柔軟性、体幹筋力、姿勢バランス、瞬発力を測定することで、客観的なアセスメント（評価）が可能になります。それに比して、メンタルは絵になりづらく客観的に捉えづらいといわれます。そこで本章では、心理検査を活用することで、メンタルにもいくつかの要素があること、そしてリラクセーション技法やイメージトレーニング技法に習熟することで、それらを伸ばしていくことが可能であることを紹介しました。

何よりリョーマさんの事例からは、「こころ」のものさしをつくることが自己への気づきをもたらし、さらに自己理解を深めることで、必要なメンタルを向上させ、結果としてパフォーマンス発揮につながることを確認しました。フィジカル面は、客観的な把握が可能である一方で、単に測定をするだけではトレーニング効果を見込めません。しかし心理面に関しては測定を通じて自己理解を深めることで、それがメンタル面の強化につながるといった特徴を指摘することができるかもしれません。そのためにも、アスリートの話を傾聴し、アスリートとの共同作業を通じて、彼らが自己発見的に競技生活を送り、全うできるよう支援することが重要と思われます。

理解を深めるためのチェックポイント

1 本章で紹介したリョーマさんの相談に対して、あなたならどのように対応するか、またなぜそのように対応するのか、考えてみましょう。

2 心理サポートにおけるアセスメントの留意点について、図2-1で示した生物・心理・社会モデルに即して考えてみましょう。

3 あなたが専門とする競技種目において、特に重要と思われる「メンタル」とは具体的にどのような要素でしょうか。図2-2に示した12個の心理的競技能力から選びながら、どうしてその能力があなたの競技種目において重要となるのか、その理由も考えてみましょう。

第3章

行動変容のための目標設定

２０２０年の年明け以降、新型コロナ感染症拡大に伴い、わが国ではインターハイや国民体育大会などの競技会の中止が相次ぎ、そして東京２０２０オリンピック・パラリンピック大会も延期を余儀なくされました。この間、コーチやチームの関係者より、最も多く相談された内容は、「選手がやる気をなくしてしまっている。どうしたらやる気を出すことができるだろうか」という内容でした。目標としていた大会が中止されたり、延期されたりしたことによって、やる気がなくなってしまったという例は、中・高生の部活動だけでなく、日本代表チームでも、そしてプロスポーツチームでも課題になっていました。

このような依頼に応えるため、オンライン相談の体制を整えて、アスリートやコーチのお話をじっくりと伺っていくと、やる気をなくしてしまったように見える背景には、実は様々な心理的ストレスがあることが分かりました。

例えば、ある高校球児は甲子園大会がなくなってしまったことに関連して、希望する大学に進学できるかどうかの不安を感じていました。また日本代表チームに初めて選出された大学生は、自分が感染してしまうとオリンピックでメダル獲得が期待されている先輩たちの活動に迷惑をかけてしまうのではないか、という恐れを抱いてびくびくしていました。またある外国籍のプロスポーツ選手は、母国にいる家族が感染しないか心配で気持ちが休まらないと訴えており、時差のある中、深夜に家族とライン通話を続けているうちに睡眠不足から体調不良に陥っていました。

このようにやる気の問題は、様々な心理的ストレスと関係していることが多く、単に目標さえ与えればよいというものではないことが理解できると思います。では、やる気を失くしてしまったアスリートをどのようにサポートするのがよいでしょうか。

以下では、目標設定に取り組んだある学生アスリートの事例を紹介します。なお、私たち心理サポートの専門家（日本スポーツ心理学会認定スポーツメンタルトレーニング指導士）には守秘義務がありますので、競技名や相談の内容については秘匿し、本質をゆがめない範囲で改変して示していることを予めお断りしておきます。

事例の紹介
「本番で力を出せるような選手になりたい」といって来談したユメコさん

ユメコさん（21歳女性、仮名）は、強豪大学で部活動に打ち込む3年生です。小学校から、ある格技種目（武道）を専門とし、高校時代には団体戦で日本一になったこともある有望な選手です。しかし、メンタルトレーニングの3回目のセッションでユメコさんは、筆者の勤めるスポーツカウンセリングルームのソファに沈み込むように座ると、大きなため息をつきました。目にはうっすらと涙をためていました。

ユメコさんは3年生になったばかりの4月に「自分はメンタルが弱いので本番で力を出せるような選手になりたい」といって来談しました。詳しくお話を聴くと、部内には実力者も多く、大学入学後は一度もレギュラーに選ばれていないとのことで、団体戦の正選手に選ばれることが目標だと語ってくれました。筆者は傾聴と、ユメコさんの競技への関わりや目標に込めた想い、さらに部内での人間関係などの理解に努めました。

初回の面談で「メンタルが弱い」と言っていたことから、2回目のセッションでは、第2章で紹介した「心理的競技能力診断検査」（トーヨーフィジカル社）を実施しました。すると、12の心理的競技能力はいずれも低く、プロフィールは相対的に小さく萎んだようになっており、特に集中力や自信、予測力の低さが気になりました。

ユメコさんは、自分なりにメンタルの本なども読んでイメージトレーニングに取り組んでいるようでしたが、「私たちの競技は相手があることだから、理想のイメージといわれてもどうすればよいのか分かりません」「全然ひらめかない、イメージの流れもぎこちない……」とうまくいかないことを訴えていました。実際に練習でもスランプが続いているようで、「全く勝てる気がしない」と自嘲気味に話すこともありました。筆者は、心理サポートの基本である「させようとする前に分かろうとせよ」を心掛け、とにかくユメコさんのお話を傾聴し、その心情への共感に努めていました。

そして、3回目のセッションでは冒頭で紹介したように意気消沈した様子で来談されました。練習では相変わらずスランプが続く中、コーチから「練習態度にやる気が見られない」と叱責されたようで、悔しさと悲しさが入り混じったような涙を浮かべていました。レギュラーになるという目標を立ててはいるが、「人生なんてそんな思い通りにはいかない」と投げやりな表情で訴えました。さらにお話を聴くと、自分はコーチに嫌われているのではないかと、ユメコさんは心の奥底でずっと不安に感じていたことを打ち明けてくれました。

筆者はユメコさんの話を聴きながら、彼女の立場になって、その気持ちを追体験しようと試みました。遠く親元を離れ、大学日本一を目指して進学しながらも、大学3年生になるまで一度も公式戦に出場する機会が得られないもどかしさ。地元では家族に加え、道場の師範や中学・高校の恩師たちがユメコさんの大学での活躍を期待してくれているのに、それに応えられない辛さや申し訳なさ。さらに、自分にとってキーパーソン（重要な他者）であるコーチに嫌われているのではないかという不安……。そのような心理的ストレスがある中、レギュラーになるという目標に向かって前向きに取り組まなければと、頭では分かっているのになかなか行動に移せずにいるのも、筆者には致し方ないように感じられました。

そのことをユメコさんに伝えると、ユメコさんの表情が変わりました。そして面接終了時間が迫る中、ユメコさんは筆者に向かい、「先生、私はこのままでは終われません！　どうしたらよいでしょうか？」と尋ねてきました。それに応えて、筆者はメンタルトレーニングで用いることの多い、目標設定シート（表3-1参照）をユメコさんに提示しました。

ユメコさんは競技における今年度の目標欄に「団体

表3-1　ユメコさんが作成した目標設定シート

目標の種類	競技の目標	人生全般の目標
夢のような目標	日本代表監督（世界大会優勝）	海外に武道の良さを広める
引退までの目標	インターハイ優勝監督	家族円満、子どもは3人
5年後の目標	全日本優勝、世界大会出場	お嫁さんに行く
来年度の目標	個人戦で「学生日本一」になる	採用試験合格、彼氏も欲しい（笑）
今年度の目標	団体戦のメンバーに選ばれる	教員免許のため単位を取る

戦のメンバーに選ばれる」と書いただけで、目標設定シートのその他の欄を埋めることができませんでした。筆者は「できるかできないかなんて、誰にも分からない。こんなことができたら楽しいなぁ、うれしいなぁと思うことを一緒に考えてみませんか」と伝え、ユメコさんの想いが湧き出てくるのを待ちました。

理論解説

1　ミラクル・クエスチョンの発想（問題解決型のアプローチ）

ユメコさんに示した目標設定シートには、いくつかの特徴があります。まず一番上に「夢のような目標」を書く欄が設けられています（表3－1参照）。これは、未来志向の問題解決型カウンセリングで用いる「ミラクル・クエスチョン」の技法にヒントを得て作られています。通常、私たちは「やる気が出ない」のような問題に直面するとその理由を探そうとします。いわば過去に向かって「なぜ？」（Why?）と問いかける、原因追求型の発想です。

しかしメンタルの問題は、仮にその理由が分かったとしてもすぐに問題解決に役立つとは限りません。実際ユメコさんの場合、彼女が言うようにレギュラーに選ばれない理由がコーチに嫌われているからであったなら、解決への道のりは容易ではありません。またスランプについてもその原因はなかなか判明しないものです。そんなとき筆者は「ミラクル・クエスチョン」、すなわち「奇跡が起こって夢のような目標が達成できるとしたら、どんな人生を歩んでいると思うか?」と考えてみることを勧めています。いわば、未来に向かって「どうやって?」(How?)と問いかける問題解決型のアプローチです。

ユメコさんの場合、将来は日本代表監督になって世界大会で優勝する、という夢のような目標を掲げました。筆者が「もし仮に、それが叶うような人生であったなら、今君はどのように行動するのがふさわしいだろうか?」と問うと、ユメコさんは「自分はこんなことでくよくよしている場合ではない。人生は一回こっきり、やれることをやらなければもったいない」と力強く語ってくれました。同時に、「全日本優勝」「世界大会出場」「学生日本一」のように、夢のような目標に至るステップを次々と書き込んでいきました。

2 やる気を科学する(動機づけ理論)

このシートに仕組まれたもう1つの特徴は、競技の目標の記入欄の右側に、並行して人生の目標を記入する欄があることです。アスリートは競技者としての人生を歩んでいますが、同時に一人の人間としての人生も歩んでいます。かつて日本では、競技者としての人生を全うした後にセカンド・キャリアとして第二の人生を歩む、といった考え方が一般的でした。しかし、現在ではアスリートとして競技に打ち込むことは人生のキャリアの一部であるとする、デュアルキャリアの考え方が主流になっています（図3－1参照）。

すなわち競技に無心になって打ち込むことが、中学生、高校生、大学生といったそれぞれの発達段階における人間的な成長（自己形成）と密接に関係しているという考えです。事実、スポーツ心理学の研究では、中学校や高校、大学で部活動に打ち込む生徒や学生は、そうでない者に比べ、ストレスマネジメントや目標設定等のライフスキル（生きる力）を身につけている割合の高いことが報告されています。

競技の楽しさに触れ、無心になって打ち込むこと。これを心理学では内発的動機づけと呼びます。一方ユメコさんの場合、地元の期待に応えてレギュラーにならなければならないといった思い込みは、競技に対して楽しさよりも義務感を抱かせるものとなっていました。これは外発的動機づけと言われ、内発的動機づけの対極にあるもので、自己決定の度合い（主体性）が低くなっている点に注意が必要です（表3－2参照）。競技に対してより主体的な関わりが強くなれば「自

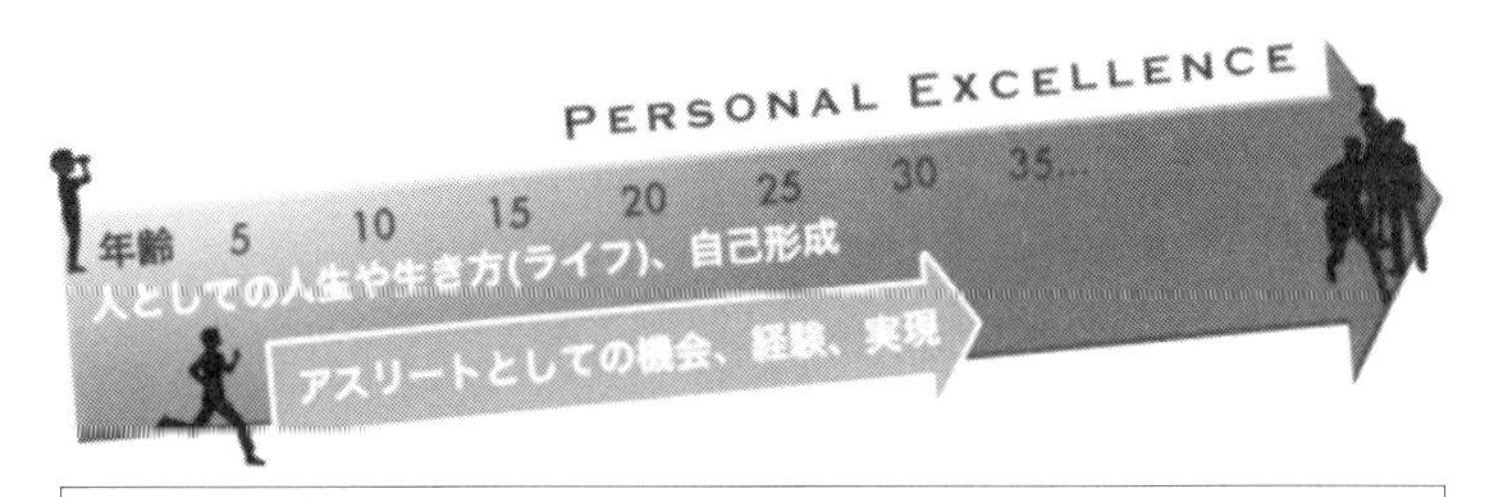

図3-1　アスリートのためのデュアルキャリア
（日本スポーツ振興センター, 2013）

分にとって重要だから」（同一化）、「自分の人生の一部だから」（統合的調整）の段階を経て「楽しいから」「やりがいを感じるから」「好きだから」といった内発的動機づけへとシフトしていくことが知られています。

このように心理学では、やる気を動機づけの視点から科学的に分析することが可能です。やる気は気分に属するもので変わりやすいものです。例えば指導者の鼓舞で一時的に選手がやる気になったとしても、次の日に嫌なことがあればやる気はなくなってしまうかもしれません。一方、動機づけは行動を支える理由や根拠であり、動機づけが明確になれば、どんなときでも行動は喚起され、強化され、維持されます。極論すれば、やる気がなくても動機づけがはっきりしていれば行動は不変です。

東京２０２０大会に出場したあるオリンピアンは、大会の延期が発表された２０２０年３月のその日、どうしてもやる気が起きなかったといいます。しかし、もっとうまくなりたいという思い（動機づけ）から練習を始めると、だんだん楽しくなって「あー、やはり自分はこの競技が好きなんだなぁ」と感じたそうです。やる気と動機づけの違いを端的に表してくれた興味深いエピソードといえるでしょう。

事例のその後

目標設定シートを書き終えたユメコさんは、レギュラーを決める部内戦のために独自の

表3-2　外発的動機づけから内発的動機づけに至る連続体モデル（速水, 1998をもとに作成）

動機づけの種類	動機なし	外発的動機づけ				内発的動機づけ
自己調整（内在化）	なし	外的調整	取り入れ的調整	同一化的調整	総合的調整	内発的調整
スポーツに参加する理由	「やりたいと思わない」	「やらないと親から叱られるから」	「やらなければならないから」	「自分にとって重要だから」	「やりたいと思うから」	「楽しいから」
		「指導者に褒められたいから」	「やらないと不安だから」	「将来のために必要だから」	「自分の価値観と一致しているから」	「やりがいを感じるから」
		「部活はほぼ強制参加だから」	「やることが義務だから」	「人間形成に役立つから」	「自分にとって人生の一部だから」	「好きだから」

自己決定の度合い　低い  高い

アクションプラン（マンダラート）を自ら作成し、1つ1つを行動に移していきました。このアクションプランを記入したシートは、ドジャースで活躍する大谷翔平選手が高校時代に作成したことで知られるようになりました。

ユメコさんは部内戦で優勝するために、部内の実力者との対戦で勝利するための様々な練習方法やアイデアを書き出していきました。面談では、「こうしなければならない」よりも「こうなったらよいなぁ」という未来志向のポジティブな発言が自然と多くなりました。同時にイメージでは「相手の動きが手に取るように分かる」とか、実際の練習では「身体が勝手に動く」のように、スランプを脱出して好調であることを報告してくれました。その報告通り、ユメコさんは部内戦で優勝しレギュラー入りを果たします。そして、インカレに向けた壮行会の後、ユメコさんはコーチから次のような話を聞かされたそうです。

実はコーチは自身の修業時代、ユメコさんが通っていた道場の師範に大変お世話になっていたこと、そのことからコーチはユメコさんにずっと期待していたこと、ユメコさんの入学後のスランプも次に向けた飛躍のためのもので逃げないで乗り越えてほしいと願っていたこと、そして自力でレギュラーの座をつかんでくれてうれしいと感じていること、等々。

これらの話を聞いたユメコさんは、コーチに嫌われていると思っていたのは誤解であり、その原因がコーチに認められたいという自身の思いが強すぎるあまり、競技への動機づけが外発的なものになってしまっていたことに気づきました。同時に、これからは誰かのために競技をするのではなく、自身の夢を叶えるために頑張ろうと決意したといいます。その後、ユメコさんは学生日本一になっただけでなく、卒業後には世界大会に出場するなど、目標設定シートに掲げた夢のいくつかを叶えていきました。

まとめ

1年延期された東京2020大会でしたが、2021年8月8日に無事、閉会式を迎えました。筆者は日本オリンピック委員会科学サポート部門の活動の一環として、日本代表選手のメンタルヘルス（精神的健康）のモニタリングと自国開催のプレッシャーなど、心理的ストレスへの対処支援に携わりました（土屋他，2021）。日本代表チームは、史上最多となる金27個を含む58個（銀14、銅17）のメダルを獲得しましたが、コロナ禍での心理的サポートでは、やる気をなくしてしまったアスリートにどう関わるかが、大きな課題となっていました。

本章ではやる気をなくしてしまって意気消沈していたユメコさんの歩みを通じて、やる気と動機づけの違いや目標設定の大切さ、とりわけポジティブな行動を支える内発的な動機づけの重要性について紹介しました。

事例で紹介した「ミラクル・クエスチョン」のような未来志向の問題解決型のアプローチは、頭では分かっているのに行動に移せないような選手に対して大変有用であり、プレーヤーやコーチの皆さんにもぜひ活用してほしいと思います。ただし、その前提として「させようとする前に分かろうとせよ」という心理サポートの基本姿勢のもと、アスリートの心の声を傾聴し、共感し、受容する関係性が基盤になっていたことも、読者の皆さんと確認しておきたいと思います。アスリートはそのような人間関係の中でこそ、より主体的に競技に関わっていくことができるのだと思われます。

メンタルトレーニングも終結を迎えたとき、ユメコさんは自身の取り組みを振り返って、筆者に以下のようなことを話してくれました。いわく、「『人生なんて思うようにならない』と思っている人の人生は、決して思うようにならないと思います。かつての私がそうでした。だからこそ私は、一回こっきりの人生なら『こうなったらいいなぁ』と思って挑戦することにしました。それによって私の人生は変わり始めたと思います」。

競技を続けていると、様々な出来事や心理的ストレスでやる気がなくなってしまうことがあるかもしれません。しかし将来を見通して「夢のような目標」に想いをはせることができれば、それが行動を支える動機づけとなり、より自分らしいあり方を求めて、アスリートは主体的に取り組んでいけるのだと思われます。

理解を深めるためのチェックポイント

1

本章で紹介したユメコさんの相談に対して、あなたならどのように対応するか、またなぜそのように対応するのか、考えてみましょう。

2

表3-1に示した目標設定シートにならい、あなた自身の目標を実際に書き込んでみましょう。作成後このシートに仕組まれた「ミラクルクエスチョン」、すなわち夢のような目標を思い浮かべることにはどのような効果があるか、考えてみましょう。

3

あなたの日常生活の営みの中で、外発的動機づけに特徴づけられた活動（例:仕事）と内発的動機づけに特徴づけられた活動（例:趣味）を比較し、あなた自身の取り組み方（楽しさや主体性の程度、他）にどのような違いがあるか考えてみましょう。

第4章 あがりの予防と対処法

スポーツカウンセリングルームでは、「大事な試合になると緊張してしまってうまくいきません……」と訴えるアスリートの相談が少なくありません。そして緊張してしまうのは「メンタルが弱いせいだ」と考えている人がとても多いようです。また指導者や保護者にもそのような考えが多く見られます。

筆者が担当した日本オリンピック委員会アントラージュ専門部会のジュニアアスリート保護者向けのセミナーでも、参加者から「大事な試合で子どもが緊張しないようにするにはどうしたらよいか？」といった相談が寄せられました。

読者の皆さんだったら、この相談に対してどう回答するでしょうか？　例えば、「深呼吸などでリラックスさせる」や「試合とは無関係の、たわいもない話をして気を紛らわせてはどうか」など、具体的なアドバイスが聞こえてきそうです。これらによって、一時的に緊張が緩和されることもあるかもしれませんが、しかし大事な試合で実力が発揮できるかどうかは別問題です。なぜなら、緊張を緩和することと「あがり」対策をすることは区別して考えた方がよいからです。

以下では、あがりに対する理解を深めるために、メンタルトレーニングに取り組んだアスリートの事例を紹介します。なお、私たち心理サポートの専門家（日本スポーツ心理学会認定スポーツメンタルトレーニング指導士）には守秘義務がありますので、競技種目の詳細や相談の内容については、本質をゆがめない範囲で改変して示していることを予めお断りしておきます。

事例の紹介

試合が近づくと思いつめたような表情になるノドカさん

ノドカさん（24歳女性、仮名）は、オリンピック出場を目指す個人競技の選手です。高校までは地方の県大会レベルの選手でしたが、大学入学後に急成長を遂げ、国際大会派遣に相当する標準記録を突破するまでに成長しました。そのため、大学卒業後も企業（スポンサー）の支援を受け、大学のコーチが指導するチームで競技を続けていました。毎年、自己記録は更新していきましたが、しかし同じ種目に日本を代表する世界トップレベルの選手がいて、オリンピックに出場したことはありません。

コーチは選手育成に実績があり、スポーツ科学に精通している方で、特にスポーツ心理学を重視されているグッドコーチでした。彼は、ノドカさんは練習熱心で、決められたメニューに精いっぱい打ち込むことのできる優れたアスリートであると認めていました。しかし、試合が近づくとノドカさんの表情が暗くなることを気にしていました。大会での様子をチームメイトに聞くと、レース直前は思いつめたような表情だったり、招集所ではタオルを被って震えていることもあると聞き及び、心配になったコーチは同僚のスポーツ心理学者に相談したようです。

その後、緊張しすぎているのを何とか紛らわせようと、深呼吸をさせたり、直前まで音楽を聞かせて落ち着かせたり、マネージャーにわざと軽口を言わせて笑わせようとしたり、あの手この手で対応したそうです。しかしノドカさんは、いざスタート台の前に立つと、緊張した表情になってしまうということが繰り返されました。

いよいよ海外派遣の権利のかかる大切な試合が近づいていることから、コーチはスポーツ心理学者と相談し、ノドカさんに対して「もっとリラックスして、レースをエンジョイしよう！　そのためには笑顔・スマイルが大切だ！」のように説得し、レースに臨ませました。

　そのレースの結果は惨憺たるもので、想定外の遅いタイムで予選敗退となりました。コーチはこの異変に驚き、同僚のスポーツ心理学者の紹介の下、ノドカさんに対して筆者の勤めるスポーツカウンセリングルームへ来談するようにと勧めたのでした。

理論解説

1　緊張とパフォーマンスの関係

　本章の冒頭では、「大事な試合になると緊張してしまってうまくいきません……」といったアスリートの訴えを載せました。緊張とパフォーマンスにはどのような関係があるでしょうか?　図4-1はこの関係を示す「逆U字曲線」です。アルファベットの「U」を逆さにしたような曲線を描くことから、このように呼ばれています。

　この図に示す通り、緊張の度合いが高すぎると、力んだり焦ったりして、パフォーマンスが落ちることから、この状態を「あがり」と呼ぶことができます。一方、緊張状態が不十分であれば、いわば「さがり」のような状態で、ぼ～っとしたり集中力を欠いてミスをしたりと、やはり良いパフォーマンスは期待できません。パフォーマンス発揮には、ちょうど良い緊張状態（至適水準）があるという考えです。この考えには読者の多くが賛同されると思います。

この図に従えば、あがりの状態にあるアスリートに対しては、リラックスしてもらい、緊張や興奮の度合いを下げることで至適水準に戻すというのは、実力発揮のための対策として理に適っているように思われます。先の事例でコーチがノドカさんに深呼吸をさせたり、音楽を聞かせたりしていましたが、これらの方法は多くの現場で用いられている方法です。

逆に「さがり」の状態であれば、サイキングアップのために、大きく強く吐くような深呼吸をしたり、アップテンポな音楽を聴くなどして、緊張や興奮の度合いを高めることで、同様に至適水準に上げることが可能になるでしょう。

しかし逆U字曲線の法則は、あくまで心理学の古典的理論の話です。参考までに、この法則を提唱したヤーキースとドットソン（1908）は、ネズミを使った実験によりこの曲線を見出したことが知られています。したがって、実際のアスリートへの心理支援の現場で活用するためには、応用や工夫が必要です。

例えば、課題の難易度によってこの曲線の形状が変わることが知られています。さらに、この至適水準（曲線の頂点の位置）には個人差があり、アスリートによって左寄りだったり右寄りだったりすることが想定されます（図4-2参照）。

つまり、リラックスしていた方が力の出るタイプのアスリート（曲線A）もいれば、ワクワク・ドキドキしていた方が力の出るタイプのアスリート（曲線B）もいると考え

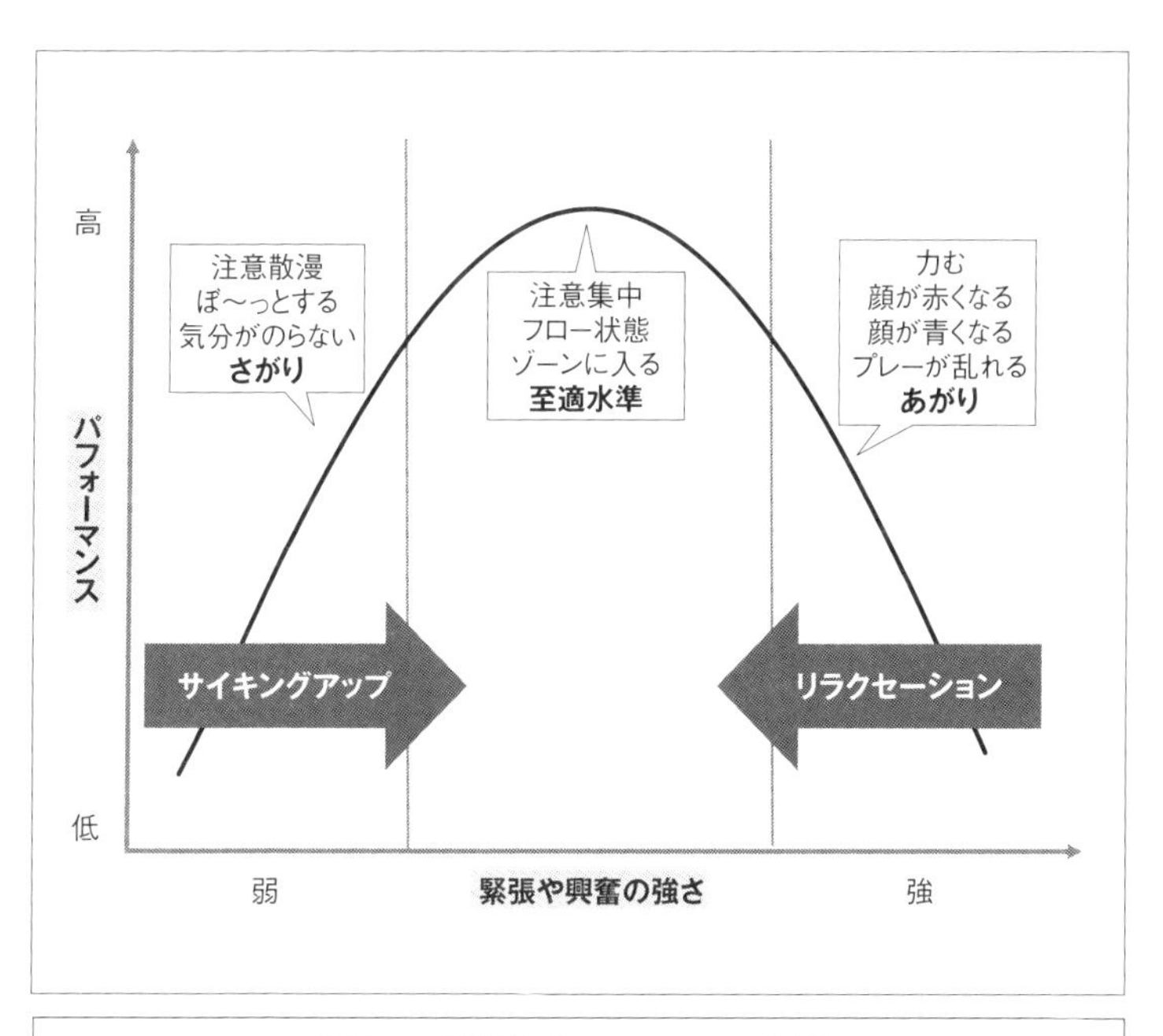

図4-1　緊張とパフォーマンスの関係

られます。もし、緊張状態がある程度高い状態で力を発揮するＢのようなタイプのアスリートに、無理にリラックスさせようとしたら役に立たないばかりか、逆効果になることが起こり得ます。ノドカさんの例は、その典型例だったかもしれません。

あがりは緊張しているかどうかだけではなく、その緊張状態が適切かどうかを、アスリートの行動やパフォーマンスとの関係から理解する必要があります。

2 あがりの心理学（青くなるあがりと赤くなるあがり）

あがりをパフォーマンスから理解するためには、アスリートの様子を観察する必要があります。日本におけるあがり研究の第一人者である市村操一教授は、あがりには様々なタイプがあり、例えば交感神経系と副交感神経系の興奮では異なる兆候が認められることをいち早く報告しています（市村，1965）。筆者は、これらのあがり研究の成果を踏まえて、アスリートの様子を観察することにより、表４‐１のチェックリストに示すような異なるタイプのあがりの兆候があることに気づきました。赤くなるあがりと青くなるあがりです。

例えば、ゴルフで５ｍのパットを打つ瞬間、あがってしまって力みすぎ、顔面が紅潮して大きくオーバーするような場合を「赤くなるあがり」と呼ぶことにします。一方、同じようにあがってしまっていても、顔面蒼白、打った瞬間チョロとなり、とうてい届かないような場合を「青くなるあがり」と呼ぶことにします。この分類は私論で、状況や課題の

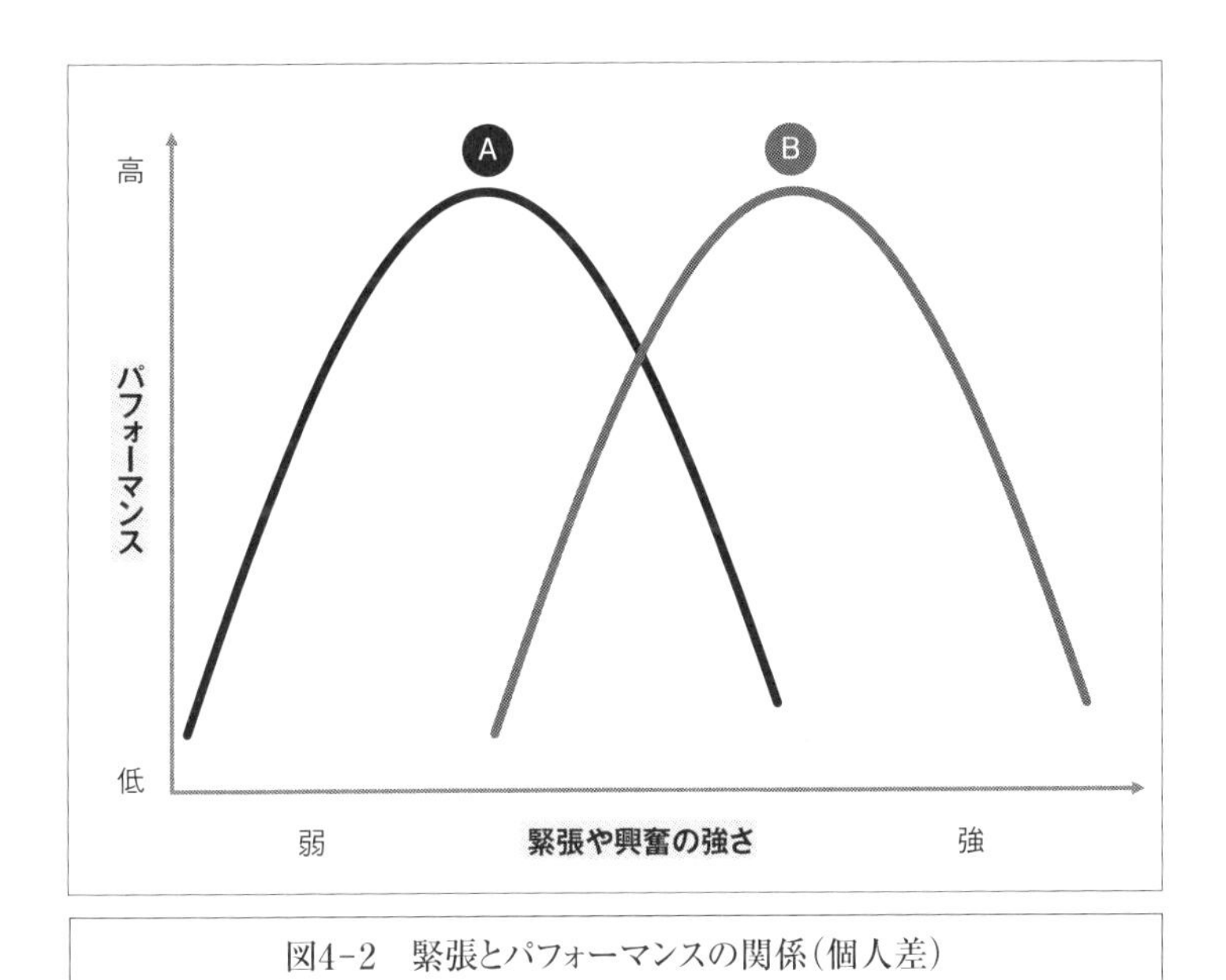

図4-2　緊張とパフォーマンスの関係（個人差）

表4-1　あがりのチェックリスト

赤くなるあがり:交感神経系の兆候	青くなるあがり:副交感神経系の兆候
□ ①顔が赤くなる（赤面、紅顔）	□ ①顔が青くなる（顔面蒼白）
□ ②興奮する、イライラする	□ ②不安になる、恥ずかしい
□ ③どきどきする、汗をかく	□ ③筋肉がこわばる、声が震える
□ ④動作が大きくなる、ぎこちなくなる	□ ④動作が小さくなる、縮こまる
□ ⑤その他	□ ⑥その他

難易度、性格の要因も踏まえて検討が必要ですが、少なくとも両者に対しては、予防法や対処法が異なると考えられます（土屋，2023）。

両者にはそれぞれ、交感神経、副交感神経系の興奮が関係しているかもしれません。したがって、赤くなるタイプのあがりには、深呼吸をするなど、身体的なリラクセーションにより気持ちを落ち着けることが有効と思われます。一方、青くなるタイプのあがりは失敗を恐れるあまり消極的になっている可能性があることから、むしろ膝の曲げ伸ばしやサイキングアップをして覚醒水準を上げた方が、あがりの対処に有効と思われます。

他に、個々のアスリート特有の行動や兆候などもあると思われますので、観察結果を表4-1の「⑤その他」に書き込んでおき、あがりのチェックリストとして活用するとよいでしょう。あがりの見極めには、緊張状態が悪いのではなく、パフォーマンスが発揮できているかどうかを基準にすることが重要です。

事例のその後

コーチから筆者に対しては、これまでの経緯について詳細な説明があり、ノドカさんが来談しやすいように、練習スケジュールを調整してくれていました。しかし当の本人は、約束の時間になっても相談室に現れません。「どうしたのかな……」と思って待っていると、

15分ほど遅刻して現れたノドカさんは「バスに乗り遅れたので駅から歩いてきました」と言ってにっこりされました。ノドカさんは終始マイペースで、お話もゆっくり、一言一言をかみしめるように話してくれる人でした。

ただ競技に関するお話は、ノドカさんの上記の印象とは全く異なるもので、件の招集所でのお話はとても興味深いものでした。ノドカさんは、自分の専門種目は「最もしんどい距離」だと言い、瞬発力と筋持久力の両方が求められる、「体力的にぎりぎり」のものだと教えてくれました。そのためレースでは、最後まで泳ぎ切れるか、さもなくば途中ですべてを使い果たして動けなくなってしまうか……、そんな覚悟で臨んでいると語ってくれました。招集所でタオルを被って震えていると評されていたのは、決死の覚悟からいわば武者震いのようなもので、ノドカさんのレースに臨む強い気持ちが表れているものだったようです。

その後の面接では、レース本番で自分のすべてを出し切るためには、練習でも最初から持っている力を出し切るスタイルが必要であること、そしてそれは大学入学後に身につけたものだと振り返りました。もともとおっとりとした性格で、人と争うことを好まず、高校時代は練習でも余力を残して自分のペースで練習に取り組んでいたようですが、大学入学後は、レベルの高い練習についていくのに必死で、そのためには最初から力を出し切らざるを得ず、へとへとになってでも、ついていこうと頑張っていたそうです。

そのため、練習に向かう姿や表情が周囲には暗く映ったのかもしれません。チームメイトやコーチからはもっと前向きに、リラックスしたほうがよいというアドバイスも受けてきたようですが、自分ではこのスタイルが性に合っていると言います。また、練習で力を出し切るためにはオンとオフを大切にする必要があり、普段の生活はできるだけ素のままに、一人の時間をつくるなど、意識してマイペースで過ごしていると話してくれました。

これらの話を聴いて筆者は、ノドカさんは不安は感じやすいものの競技に対しては自信を持っており、むしろうまくいかない心配事を考えることで緊張感を高め、練習への意欲を掻き立てているように感じました。これは「防衛的悲観主義」とも呼ばれ、マイペースなノドカさんが、アスリートとして成功するために、意識的に自分を追い込むための対処法だったようです。

そして、コーチにリラックスして楽しんで臨むように説得されたレースでは、オンの切り替えがうまくいかず、おっとりした「素の自分が出てしまった」と言います。レース中盤で、このペースではいけないと気づいたそうですが、それが身体には伝わらず「ギアが最後まで入らなかった」そうです。

この経験をもとに、緊張が悪いわけではなく、人それぞれに至適水準があって、ノドカさんはむしろ高い緊張感の下でこそ力を発揮しやすいタイプであること、などを確認しました。

その後は、自律訓練法と漸進的筋弛緩法（詳細は次章で紹介します）に取り組み、こころの緊張感や興奮は保ちつつ、身体の余分な力を抜くことの大切さに気づいていきました。レース前は「泳ぎ切る」と強い気持ちで自分に言い聞かせながら（セルフトーク）、肩を大きく回し、その後首を左右に振って脱力しながら、手首、足首をぶらぶらするというルーティーンを大切にするようになり、復調後はさらに記録を伸ばしていきました。ノドカさんはレース前のちょうど良い緊張状態について「心と身体の歯車が噛み合った感じ」と表現してくれました。

まとめ

本章の冒頭で「大事な試合になると緊張してしまってうまくいきません……」というアスリートの声を紹介し、ここには「緊張＝悪」という誤解やとらわれがあることに触れました。あがりの問題を考える際には、それぞれのアスリートごとに、緊張や興奮の状態の至適水準が異なることを理解し、「緊張＝悪」ではなくパフォーマンスとの関係で判断することが重要です。

ノドカさんの例ではライバルこそ超えられていませんが、大学入学以降も順調にパフォーマンスを伸ばしていました。彼女にとって緊張とは、身体機能を最大限に発揮するための、むしろ武器だったのかもしれません。

ところで、なぜ私たちは緊張するのでしょうか？　一言でいえば、大切な場面でスムーズに動き出せるように、身体が準備を始めてくれていると考えることができそうです。心臓がどきどきするのは、血流量を増やして即座に筋力発揮ができるように身体が備えている証しです。それが至適水準にあれば、ドキドキはワクワクと捉えられ、ゾーンやフローと呼ばれるような、いわば「身体が勝手に動く」心地よい体験につながるはずです。

しかし図4-1で説明したように、時に至適水準を超えて過緊張の状態となってあがってしまうこともあります。そのような不快な体験が戒めとなって、私たちは緊張をことさらに悪者にしているのかもしれません。

そこには指導者の責任も大きいようです。野球のジュニア指導にあたるコーチが、バッターボックスにいる小学生に向かって「緊張するな！」と怒鳴っているようなケースを見かけます。このコーチの言葉で凍り付いたように立ち尽くす野球少年には、「緊張＝悪」という誤ったステレオタイプ（紋切り型の固定観念）が刻み込まれてしまうでしょう。そして自分が緊張していると感じると、「きっとあがってしまうのでは……うまくいかなかったらどうしよう」と不安になり、結果としてあがり状態を自ら招いてしまうことが心配されます。

これに関連して「日本人はあがりやすい」と信じている指導者が多いことも気になりま

す。なぜなら、先のジュニア指導者のように、アスリートに対して「緊張＝悪」という呪縛をかけ、実力発揮の邪魔をするからです（ステレオタイプ脅威、詳しくは第2章「自己への気づきを深めるアセスメント」参照）。

日本人は本当にあがりやすいのでしょうか？　確かに脳内神経伝達物質（セロトニン）の分泌に関わる遺伝的な特徴として、日本人は不安への感受性が高いと報告されていますので緊張しやすいかもしれません。しかしノドカさんのように、不安や緊張を集中力に変換し、高いパフォーマンスを発揮するアスリートもいます。

この点については、東京２０２０大会における日本選手団の戦いぶりを確認してみましょう。彼らの活躍は「日本人はあがりやすい」というステレオタイプを見事に打破してくれ

ました。自国開催の大きなプレッシャーのもと、高い緊張状態にありながら、素晴らしいパフォーマンスを次々と示してくれました。スポーツ心理学では、この現象を「クラッチ」(clutch:ぴったり噛み合うの意)と名付けています。ノドカさんが「ギアが入らなかった」と表現したのはまさにクラッチが働かなかったからでした。

メンタルトレーニングでは「緊張=悪」ではなく、緊張の至適水準を知ることから始め、究極的には高い緊張状態でも(あるいは高い緊張状態だからこそ)実力を発揮できるためのスキルを身につけることを目指します。これこそがスポーツの醍醐味だと思いませんか。「大事な試合になるとワクワクしてきます。きっと良いプレーができると思います!」。そんなアスリートが増えることを願っています。

理解を深めるためのチェックポイント

1

本章で紹介したノドカさんの相談に対して、あなたならどのように対応するか、またなぜそのように対応するのか、考えてみましょう。

2

あなたは緊張するとあがりやすい人だと思いますか？　またあがるとすれば、赤くなるあがりか、それとも青くなるあがりか、どちらの傾向が強いですか？　表4-1のチェックリストに回答しながら、その理由も一緒に考えてみましょう。

3

本章では「緊張は悪くない」ことが強調されていました。緊張を良いパフォーマンスに変える（クラッチ：ピッタリ嚙み合う）ためには、どのような心理技法が有効になるでしょうか。あなたが実際に活用できそうな方法について考えてみましょう。

第5章 リラクセーションのすすめ

前章では、「あがりの予防と対処法」について、ノドカさん（仮名）の事例を紹介しながら「緊張はパフォーマンス発揮にとって悪いことではない」ことを理論的に、かつ実践的に紹介しました。その中で、リラクセーションの重要性についても触れています。そこでは、一人ひとり、ちょうど良い緊張状態があり（逆U字曲線）、緊張しすぎていればそれを緩和する、つまりリラクセーションが大切であることを述べました。

リラクセーションとは、心身の緊張を緩和して意図的に「リラックス」した状態を作り出すことです。もともと私たちには、自律神経の調整力、すなわち交感神経と副交感神経のバランスにより、環境に対して心身の調和を保つ機能が備わっています。しかし強いストレスが続くとそのバランスが乱れて、過緊張の状態が続き、心身の不調和をもたらすことがあります。

以下では、コロナ禍にあって様々な心理的ストレスが心配された女子チームに対して、リラクセーションを中心としたメンタルトレーニングを実践した事例を紹介します。なお、私たち心理サポートの専門家（公認心理師・日本スポーツ心理学会認定スポーツメンタルトレーニング指導士）には守秘義務がありますので、競技種目の詳細や相談の内容については、本質をゆがめない範囲で改変して示していることを予めお断りしておきます。

事例の紹介

長引くコロナ禍の中、先の見えない不安を抱えていたアサヒさん

アサヒさん（22歳女性、仮名）は、大学女子チームのキャプテンです。このチームは全日本大学選手権を連覇中で、キャプテンであるアサヒさんは先輩たちに続き、自分たちの代でも大学日本一になることを目標に部活動に取り組んできました。しかし、アサヒさんたちが3回生に上がる2020年からは、新型コロナウイルス感染症が世界中に拡大し、大学選手権はおろか、運動部活動そのものも自粛を余儀なくされました。

最初は突然のことでショックを受けましたが、「小学校に入る前から競技を続けてきたので、こんなに何日もお休みするのは初めての体験。むしろ良いリフレッシュになる」と

努めて前向きに考えて過ごしていました。

　しかし自粛生活が長期化するにつれ、全く身体を動かすことさえできない日々が続く中で、よく眠れなかったり、漠然とした不安を抱えたりするようになりました。「連覇をしなければならない」という強い信念とは裏腹に、「このままずっと試合がなければプレッシャーから解放されるのに……」という正直な思いが巡ることもあり、自分の中でどのように対処してよいか悩んでいました。

　アサヒさんの場合、大学日本一になることが、卒業後の就職とも深く関係していることから、弱音を吐いてしまいそうになる自分への嫌悪感や罪悪感が日増しに強くなり、先行きの見えない中、不安はどんどん大きくなっていきました。

　そのような状態が1年以上続き、アサヒさんが4回生になると、部内でも、肩コリや便秘・腹痛などを訴える部員が出てきました。アサヒさんは、これらの身体の不調が、コロナ禍における心理的ストレスから来ているのではないかと考えたようです。そして筆者の勤めるスポーツカウンセリングルームに来談し、「何かチームとして取り組めるような、良いメンタルトレーニング方法はないでしょうか」と相談してくれました。

理論解説

1　心理的ストレス発生のメカニズム

心理的ストレスについて理解するためには、まずストレス生起のメカニズム、特に時間的経過に伴う特徴的な段階を知っておく必要があります。もともとストレスに関する研究は、生理学者であるハンス・セリエ博士の汎適応症候群（General Adaptation Syndrome）の概念をもとに始まりました。

この概念では、まずストレスを生起させるきっかけ（原因）となる事象をストレッサー（ストレス源）、それによって私たちの心身に生じる反応をストレス反応として区別している点がポイントです。

大会の中止や練習の自粛など、コロナ禍で直面する様々な出来事はストレッサーであり、それにより肩コリや腹痛、あるいは漠然とした不安が生じる状態をストレス反応として区別することが可能です。コロナ禍で同じような出来事（ストレッサー）に直面していても、人によってストレス反応の出やすさに違いが出る（個人差がある）のはこのためです。

セリエ博士のストレス研究のもう1つの功績は、ストレッサーの種類を変えても生体には共通したストレス反応の段階があることを発見したことです。それは、警告反応期、抵抗期、疲憊期の3段階であり、今回のコロナ禍におけるストレス過程を例にすると、図5

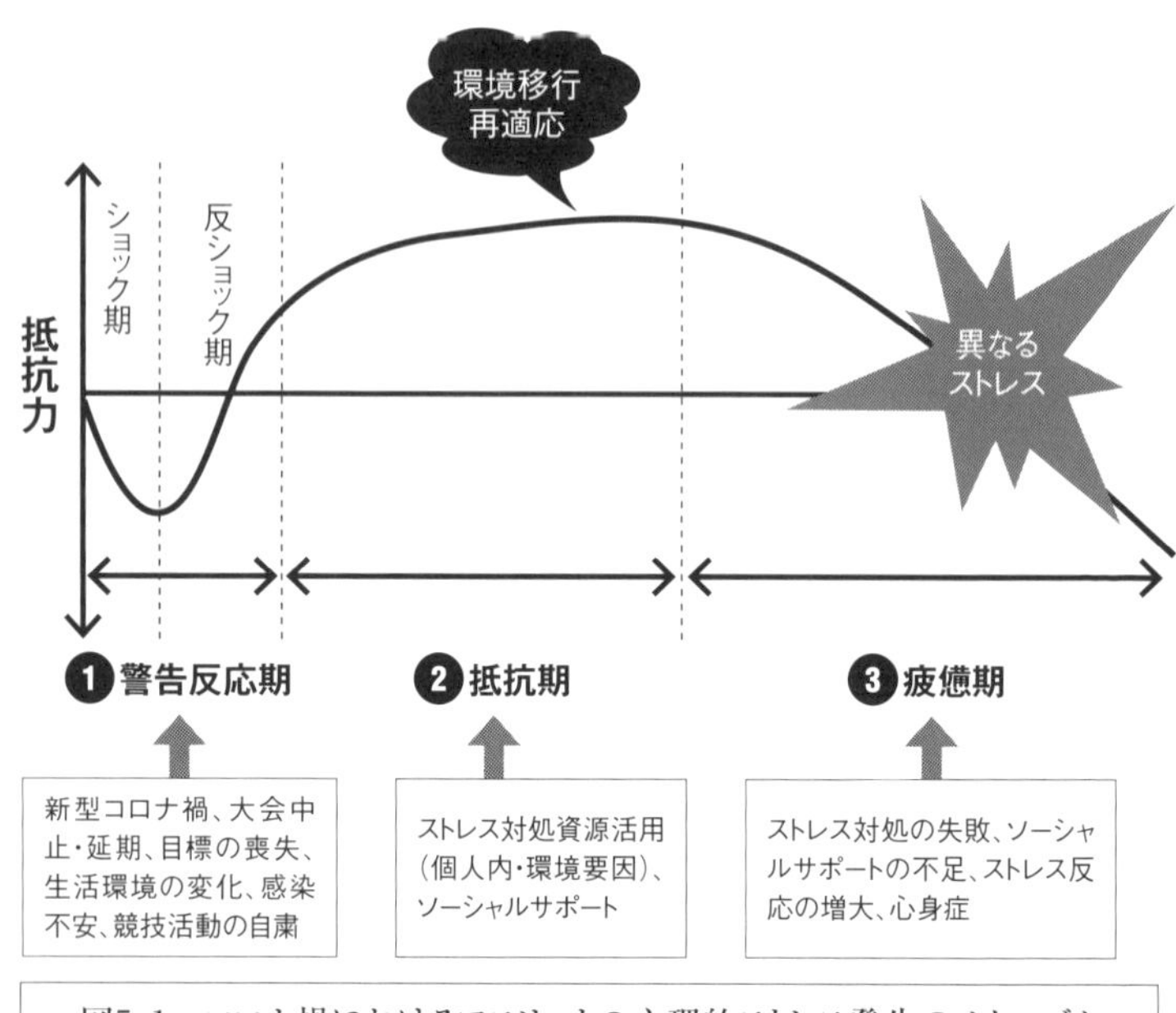

図5-1　コロナ禍におけるアスリートの心理的ストレス発生のメカニズム

－1のようになります。

2　心理的ストレスの3段階

新型コロナウイルス感染拡大は、大会中止などアスリートに大きなショックをもたらしました。これらのストレッサーに対して、彼らの身体にはすぐさま警告反応が生じ、一時的に抵抗力の低減をもたらすショック相と、それに抗い健康を維持しようとする反ショック相が短い期間で相次いで生じました（図5－1参照）。アサヒさんの場合、大会中止のショックに続いて「リフレッシュできるかも」のような前向きな考えが浮かんだのは、このことによるのかもしれません。

その後長引くコロナ禍で、アスリートたちはそれぞれが心身の防御反応を総動員して、ストレッサーに対抗し続ける抵抗期へ移行しました。この時期は、国からも「新しい生活様式」への変更が提唱され、アスリートたちもライフスタイルを変えることで、コロナ禍の新環境への適応を図ろうとする、より健康的な取り組みも多く見られた時期でした。アサヒさんたちのチームでは、部員がオンラインでつながり、一緒に自宅でトレーニングを行うといった取り組みがなされていました。

抵抗期で注意したいのは、その期間が長引きストレス対処に失敗してしまうことで心身の抵抗力が減退し、疲憊してしまうことです。特に、コロナ禍では、自らの対処資源を総動員してストレッサーに抗っているので、他の異なるストレスに対してはとても無防備です。

例えば、チームメイトやコーチなど身近な他者との交流（ソーシャルサポート）の不足や些細なことでの人間関係の軋轢（あつれき）などは、ストレス反応を増大させ、心身症を生じやすくさせます。アサヒさんのチームで、部員たちに肩コリや便秘・腹痛が見られたのはこのためだと考えられます。

3 リラクセーションの技法の種類と効能

ストレス発生のメカニズムと特徴的な3段階を知ることで、より適応的な対処法を考えることができます。その最も効果的な対処法がリラクセーションです。アスリートのためのリラクセーションの代表的な技法には以下のようなものがあります。

①漸進的筋弛緩法：肩、腕、手のように順番に（漸進的に）筋肉に力を入れて、その後緊張を弛緩させていきます。特に力を抜くときの身体の感覚に注意を向けると効果的です。

②呼吸法：腹式呼吸を行いながら息を吐く方を長く、ゆっくりと行うことで、よりリラックス感を味わうことができます。

③自律訓練法：両手の平、両手の甲の温感や重感をさりげなく（受動的に）感じながら、

身も心も落ち着いている感覚を味わうようにします。
これらの方法には共通して以下のような効能が確認されています。
①覚醒水準の低減
②睡眠の促進、疲労の回復
③身体に対する鋭敏さのアップ
④精神状態をクリアにする
覚醒水準の低減は過緊張の状態を和らげてくれますし、睡眠の促進はより良いリカバリー（疲労の回復）につながり、ストレス反応の悪影響の緩和に役立つと考えられます。それに加えて、リラクセーションの効能には、身体に対する鋭敏さをアップさせる効果が期待できるので、質の高い練習につながりますし、また精神状態をクリアにする効果もあるので、よりリアリティ（現実感）のある鮮明なイメージを描くことにも役立つと期待できます。

事例のその後

1　セルフ・コンパッション（自身への慈愛）

筆者はアサヒさんに心理的ストレス発生のメカニズムを紹介しながら、がっかりする気持ち、不安な気持ちが生じるのはごく普通のことであり、オリンピックやパラリンピックを目指すアスリートも含め、多くのアスリートが同じような体験をしていることを伝えました。

それを聞いたアサヒさんは、ほっと安心したような表情を見せてくれました。特にアサヒさんは、大会が開催されないことで「連覇しなければというプレッシャーから解放される」という「弱気な考え」が浮かんでしまう自分への嫌悪感や、アスリートとしての罪悪感があったようです。そんな自分に対しては、「こんな弱気ではだめだ！」「何のために今まで頑張ってきたのか、台無しではないか！」のような辛辣な言葉が浮かぶそうです。

筆者は、アサヒさんに限らず一般的にアスリートが自身に対して時に厳しく当たりすぎるような傾向があるのではないかと考えていました。もちろん、それがより質の高い練習につながったり試合に向けた周到な準備につながったりすることで、競技力を高めるメリットもあるのですが、一方でこのような自己への厳しさがコロナ禍の長期化により、心理的ストレス反応を増幅させる原因にもなるのではないかと危惧していました。それを踏まえて、筆者からアサヒさんに以下のような質問をしました。「もしあなたの友人やチームメイトが同じように弱気になっていたら、どんな言葉をかけますか？」

するとアサヒさんは少し考えた後で、「コロナでの自粛生活が長引いているので、そのような気持ちになるのも理解できます。なので、『大丈夫だよ、どうしたらもっと良くなるか一緒に考えようね』と言うと思います」と答えてくれました。それを聞いた筆者は「チームメイトに向けるその優しさや理解を、自分自身にも向けられると良いですね」と伝えました。

この考えはセルフ・コンパッション（自身への慈愛）として近年注目され、マインドフルネスと呼ばれる心理療法の研究実践の中で、逆境や困難からのレジリエンス（精神的な回復力）を高めることが実証されています。

そしてアスリートとして成長するための自分自身への適度な厳しさは保ちつつ、心身を疲憊させないよう、慈愛の心を持ちながらリラクセーション技法に習熟することを提案しました。その結果、オンラインで実施しているトレーニングの中に、メンタルトレーニングのワークショップを取り入れたいという申し出がありました。具体的には、先に紹介した漸進的筋弛緩法と呼吸法を実施した後に目標達成のイメージトレーニングを行うというプログラムを1週間に1回、オンラインミーティングの形式で8週間にわたって行いました。

2　調身・調息・調心の教え

リラクセーションの具体的な手順は図5-2に示したように、最初は両手を5秒間ほどぎゅっと握りしめ、その後ふわっと緩めていきます。次に腕、そして肩と順番に力を入れ、同じように力を抜きます。この力が抜けたときの身体のふわっとした感覚、つまりリラックスした感じを味わうことがポイントです。

ここで身体が緩む感覚が十分に体験できたら、今度は呼吸法に取り組みます。まず口からゆっくりと息を吐き出します。その後、鼻からお腹に息を吸い込んでいき、少し溜めてからまた口からゆっくりと吐き出していきます。具体的には1・2・3とカウントしながら息を吸い込んでもらって、少し溜めてから、今度は4・5・6・7・8・9・10のカウントに合わせて、ゆっくりと吐き出してもらいます。こうすることで自然に吐く方が長くなります。

また吐く息に注意を向けながら、息を吐くと同時に首から肩、肩から両手にかけてすっかり力が抜けていく感じに、「さりげなく」注意を向けてもらいます。「さりげなく」というのは自律訓練法でも大切にされているリラックスのコツであり、能動的ではなくむしろ受動的な注意集中の状態を指します。呼吸を手掛かりに心身のリラックス感を作り出すためのキーワードでもあります。

この一連の流れは「調身・調息・調心」の教えに基づいています。漸進的筋弛緩法で身体を調整し、呼吸法で息を調整することが、心を調整することにつながる、という考えです。「落ち着け、落ち着け」と心から心に働きかけてもうまくいきません。まずは身体を緩め、ゆったりとした呼吸に「さりげなく」注意を向けることで、心は自然に整う、と考

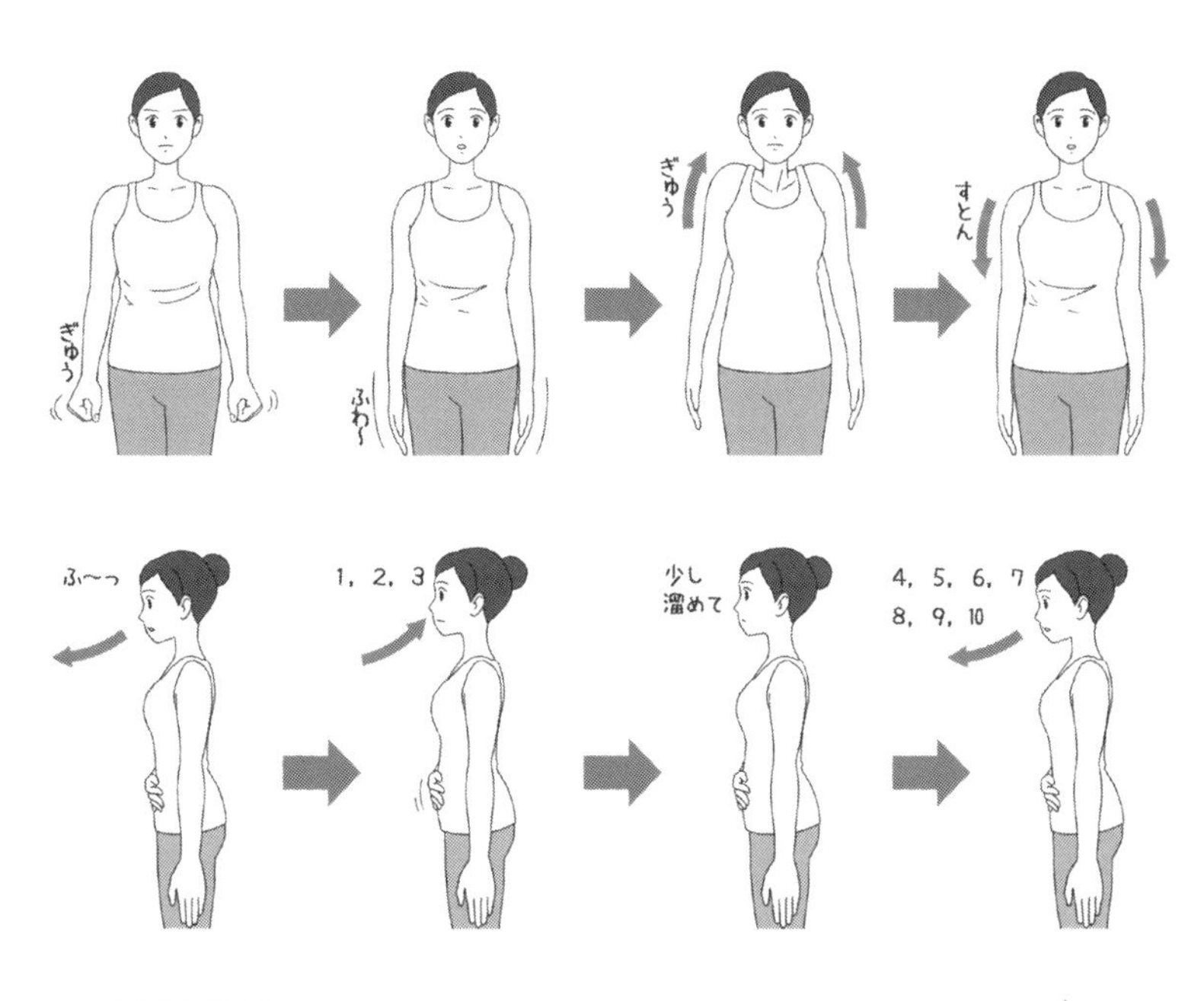

イラスト◎山田奈穂

図5-2　漸進的筋弛緩法と呼吸法を合わせたリラクセーションのやり方

えると分かりやすいと思います。

この状態になったら、それぞれ予め決めておいた「こうなったら良いなぁ、こうなったら楽しいなぁ」という目標達成場面のイメージを行います。

アサヒさんはチームメイトと楽しく練習している場面や試合でのびのびとプレーしているイメージ、そして学生日本一になって家族やお世話になった人たちに感謝しているイメージを描いていきました。

イメージの中で目標達成場面をありありと体験した後は、自分自身に対して「ありがとう。よく頑張っているね」のような、セルフ・コンパッションに基づく、ねぎらいや慈愛の言葉を呟いてから目を開けるように指示しました。その後、ストレッチなどをしながら消去動作（交感神経を優位にして覚醒水準を上げる動作）を行うと、チームのメンバー全員がすっきりとした表情になっているのが印象的でした。

まとめ

私たちが緊張するのは理由があってのことで、通常であれば一過性の自然な心身の反応です。しかし長引くコロナ禍では、様々なストレッサーへの対処が求め続けられるため、常に心身が緊張状態に置かれたままになっているアスリートがいないか心配されます。

東京2020大会では、日本オリンピック委員会の呼びかけに応じ、SNS上にアスリートに対する誹謗中傷がないか、ゼミの学生たちと一緒にパトロールを行いました。中には、性差別や人種差別的発言の他、容姿をからかったり、わいせつな言葉を投稿したりする悪質な事例もありました。とりわけアスリートが期待される成果を出せなかったときにそのような投稿が見られることが多く、ただでさえ意気消沈しているアスリートに新たなストレスを与え、疲憊させてしまうのではないかと心配されました。

さて、本章で紹介したアサヒさんたちの取り組みでは、体調不良の訴えが減り、またオンラインでのセッションを通じてチームの絆がいっそう深まったと報告してくれました。特にセルフ・コンパッションの考えを知ることで、自分自身に対して優しい、慈しみの感覚を持つことが、同じコロナ禍で苦労しながらも前向きに取り組もうとしているチームメイトに対しても優しくあろうとする気持ちにつながったようです。

東京2020大会終了後の2021年後期には、国内のコロナ感染状況が一時的に収束に向かい、連盟役員の熱意もあって全日本学生選手権大会が1年ぶりに開催されることになりました。4回生になったアサヒさんたちは決して十分な練習はできない状態でしたが、不安に感じる自分自身をありのままに受け入れて、むしろ大会に参加できることに感謝の気持ちを持って試合に臨みました。精いっぱいのプレーを心掛けた結果、僅差の試合を制して勝ち進み、念願の優勝となり連覇を成し遂げることができました。

「精いっぱいのプレー」についてアサヒさんは、「対戦相手と向き合ったときに、きっと彼女たちも大変な時期を過ごしたんだろうなぁという思いがよぎり、同じ仲間だという親しみの気持ちが湧きました。だから私は、持っている力をすべて出し切って、精いっぱいの試合をすることが相手に対する礼儀だと感じたんです」と教えてくれました。

この言葉は、心身のリラックスを通じて自身に向き合い、そこで到達した究極の「勝負心」のように、筆者には感じられました。

理解を深めるためのチェックポイント

1 本章で紹介したアサヒさんの相談に対して、あなたならどのように対応するか、またなぜそのように対応するのか、考えてみましょう。

2 完璧主義など、自分自身を厳しく律することでパフォーマンスの向上に役立てているアスリートは少なくありませんが、それが心身の健康を害する心理的ストレスを生み出すことも知られています。この観点から、本章で紹介したセルフコンパッション（自身への慈愛）の考え方について、あなた自身はどのように受け止めましたか。あなたの考えをまとめてみましょう。

3 図5-2で示したリラクセーションの後、「こうなったらよいなぁ」という場面を描くセッションを1日1回（5分程度）で良いので2週間続けてみましょう。その結果、自身の心身にどのような変化が生じたか（場合によっては偶然と感じられるような幸運な出来事などへの遭遇も含めて）を観察し、その理由を考えてみましょう。

第6章 心と身体をつなぐイメージトレーニング

前章では、リラクセーション技法についてその理論と実践的な方法を解説しました。その際、リラクセーションの効用についてストレスの悪影響を緩和することに加えて、より良いイメージ想起にも役立つことに触れました。特に心身ともに十分にリラックスしてからイメージを描くことで、大きな効果が得られると科学的にも実証されています。

このように、心身をリラックスさせた後に心の中でイメージを描くことで、①新しい技術や動作パターンの習得、②フォームの矯正・改善、③心理的課題への対処・予防を目指す練習のことをイメージトレーニングと呼びます。イメージトレーニングは、スポーツメンタルトレーニングの中核的な技法です。またスポーツに限らず臨床心理学の領域でも古くから活用されており、神経症や心身症の治療にも効果を上げています。

一方で、その具体的な手続きについてはあまり知られていません。その理由の1つには、スポーツメンタルトレーニングにしても神経症の治療法にしても、その事例や症例の詳細や、実施場面の様子等が一般の方には開示されていないことがあると思われます。特に我が国のイメージ技法の第一人者であり、国際的な権威である故・成瀬悟策先生（臨床心理士・医学博士）は、もともと催眠療法からイメージ技法を開発されており、１９６４年の東京オリンピックに向けたアスリートへの心理サポートにも活用されました。しかし、一般の方が「催眠」と聞くと怪しく感じられたり、胡散臭く感じられたりするかもしれません。

そこで本章では、原因不明の動作失調に陥った投手に対して、主に催眠との関連が深い自律訓練法とイメージトレーニングを中心に関わった事例について、時間経過に伴い４つの段階に分けて丁寧に紹介します。なお、私たち心理サポートの専門家（日本スポーツ心理学会認定スポーツメンタルトレーニング指導士）には守秘義務がありますので、個人情報の詳細や相談の内容については、本質をゆがめない範囲で改変して示していることを予めお断りしておきます。

事例の紹介
「イップス」を疑って来談したゴローさん

ゴローさん（21歳男性、仮名）は、入団3年目のプロ野球選手でした。このチームでは、新入団選手を対象としたメンタルトレーニング講習会が導入されており、選手として実力発揮に最低限必要な心理的スキルを学ぶ場が用意されています。ゴローさんは高卒ルーキーとして期待されており、この講習会にも熱心に取り組んでいました。とりわけ周囲への気遣いのできる人で、何かにつけて感謝の気持ちを表すことが多く、先輩やコーチにも可愛がられていました。その後順調に地力をつけていき、2年目からは1軍にも帯同することとなり、初勝利も挙げることができました。

その後も勝ち星に恵まれていましたが、3年目のシーズンはほとんどの期間2軍にいて登板の機会もないといった状態でした。そしてシーズンの終わり近くにコーチからの勧めで筆者に個別の相談を申し込んできました。ゴローさんが言うには、投球時、特にリリース時の指の感覚に違和感があり、だましだましやっているが、すっぽ抜けてしまったりして投げられなくなるとのことでした。トレーナーにも相談して、細かな身体の動きもチェックしているようですが、身体面で不調がないにもかかわらず練習前に嫌な前触れがあると決まってそのような状態になるそうで、心理面が影響しているのではないかと考えてい

るとのことでした。
　そして筆者に対して、「これって、イップスでしょうか？」「どうしたら治りますか？」と心配そうに尋ねました。

1　イメージ体験の共有

　筆者はまず、ゴローさんが「イップス」をどのようなものだと考えているのか、特にどんな心理的、身体的な体験なのかを教えてはしいとお願いしました。ゴローさんはもともとお話が上手で、新入団の研修の際にも目標などをとても具体的に語ることのできる印象がありました。

　しかしながら、意外なことに、今回、自分に降りかかった、この不思議かつ不都合な状況については、うまく言葉にすることができないようでした。また、このような感覚は、ずっと以前、少なくとも高校時代からあったようで、自分なりに深刻化しないように、いわば「見て見ぬふり」をしてきたそうです。さらに、そのきっかけについては、いろいろ心当たりはあるようでしたが、特定の事柄を思い出すことはできないようでした。何より、ゴローさんが体験している「イップス」がどんな状態なのかを共感的に理解しようにも、うまく言葉では説明してもらえないという困った状況でした。

そこで、閉眼状態でイメージを浮かべてもらい、まずはゴローさんが「イップス」と呼ぶ状況を再現してもらおうと試みました。ウォーミングアップ中、マウンドに向かう途中、投球練習、そして打者に対しての一球目と、実際の試合場面における時間の流れに沿って追体験を試みました。時折、顔をゆがめたり、「ううっ」と小さくうめくような場面があったりして、一人目をフォアボールで出塁させてから、イメージが進まなくなりました。そのときの様子を尋ねても、「変な感覚」「自分の身体がどんな感じなのか自分でもよく分からない」とひどく疲れた様子でした。

筆者は、イメージを描くためにはリラクセーションの習熟が必要であると考え、一緒に練習することを提案しました。具体的には前号で紹介した呼吸法、漸進的筋弛緩法から自律訓練法へと発展させ、心身の緊張をほぐし、精神状態をクリアーにすることから始めました。

2　共感的理解と受容

自律訓練法では、手足の重感や温感のトレーニングを行う中で「受動的注意集中」という感覚を大切にします。リラックスした身体感覚に、さりげなく注意を向ける、といった態度であり、一種の自己催眠のような要素が含まれています。ちなみに自律訓練法はドイツの精神科医シュルツ博士（Schultz, J. H.）によって体系化されたもので、自律神経失調症等の神経症の治療法として効果が確かめられています。実際、自律神経に支配されているはずの心拍数や体温なども自律訓練法により、自分の意思でコントロールできることが可能となり、パニック障害の対処にも有効です。

ゴローさんとのセッションでは、覚醒水準が下がり、ゆったりとした気持ちになってから、順に投球のイメージを思い浮かべてもらい、不安や不快な感情が浮かんだらそれをさりげなく、客観的に眺めてもらうようにしました。途中でもし辛くなったら、呼吸に注意を向けて意識をニュートラルポジションに戻して不快なイメージから距離を取り、また改めて思い浮かべて眺めてみるということを繰り返してもらいました。

その結果、「投球動作の開始時がポイント」「自分のリズムが大切」「やばいときは視野が狭くなりがち」「ヤジで気持ちが乱れるので聞き流す」「開き直りも有効」など、いくつか解決の糸口を見つけていきました。しかし、実際に投球練習をすると、頭が真っ白になってしまうこともあり、一進一退が続きこの問題の克服が容易ではないことが明らかになっていきました。

3 転機

ちょうど10月下旬の秋季キャンプに帯同した折、たまたまホテルの大浴場でゴローさんとばったり会うことがありました。筆者は予約してきた選手たちとの個別のメンタルトレーニング指導を終えてからの遅い時間での入浴でしたが、ゴローさんも一人で自主トレをした後だったのか、あるいは人目を避けて時間をずらして入浴してきたのかもしれません。広い浴場に二人しかおらず、期せずして普段の面談とはまた違った、裸の付き合いの場になりました。そこでゴローさんは、高校1年生時の出来事を話してくれました。

中学から活躍し期待されて入学したゴローさんでしたが、高校の先輩からは妬まれたのでしょうか。キャッチボールの際に相手になった先輩は、ミットを胸の前に構えたまま、そこから外れた球は一切取ってくれなかったといいます。的を外したボールは先輩が避けるのですり抜けてしまうため、そのボールを自分で取りに走る、ということを繰り返したそうです。ゴローさんはその場の雰囲気を壊すまいと、努めて笑顔でいようとしていたそうですが、先輩の構えるミットの的を外さないよう、より丁寧に正確に投げようとすることで、自分のリズムや思い切りの良さよりも、指の掛かり具合に意識が向きすぎてしまったといいます。

ゴローさんは「15歳やそこらでこんな経験させられたらイップスにもなりますよね」と苦々しそうに言いました。筆者は彼の告白を受け止めながら、引きつった笑顔で自分の投げた球を取りに行く当時のゴローさんの心情を思い浮かべて、その辛さを共感しようと努めました。同時に、ゴローさん本人も、過去に味わったみじめな体験を筆者に語ることで受容、すなわちその経験を受け入れようとしていたようです。

4　メンタルリハーサル

この出来事の後、だんだんと心身の状況の理解が進むようになり、ゴローさんはいろんなことに挑戦し、発見を重ねていきました。例えば、守備練習（キャッチしてすぐ投げる）のときにはすっぽ抜けは起きないこと、ソフトボールやピンポン玉では普通に投げられること、普段部屋にいるときからボールを握っていると練習のときに違和感が減ることなどでした。

さらには、コーチの中に、現役時代同じような状況で苦しんで、自分なりの方法で乗り越えた方がいることなどを知り、自ら「イップス」を告白して、具体的なドリルを教えてもらい実行していきました。その中で、投球フォームの改善にも取り組んでいきました。

筆者との間では、新たな投球フォームを定着させるためのイメージトレーニングを続け、次のシーズンに登板し活躍しているイメージを「創造」していきました。具体的には、ウォーミングアップ中、マウンドに向かう途中、投球練習、そして打者に対しての一球目、と最初にイメージに取り組んだときと全く同じ手順で実施しました。しかしこの段階では、あたかも「今、ここで」登板しているかのように、体験的で、リアルなイメージ想起ができるようになっており、来るべきシーズンに向けての準備を続けていきました。

イメージ中、時折「嫌な予感」が湧くときもありましたが、呼吸にさりげなく注意を向けて気持ちをニュートラルに戻し、再び前向きな気持ちを作って、打者に向かうというメンタルリハーサルを行っていきました。

理論解説

1　イメージの自律性

イメージは「心像」と呼ばれ、端的に言えば心に浮かぶ情景のことです。イメージには個人差があり、例えば「海辺にいるところを思い浮かべてください」と聞いて、読者にはどのような情景が浮かぶでしょうか？　夏の海を思い浮かべる人もいれば、冬の海が浮かぶ人もいるかもしれません。時間も昼だったり夕暮れだったりするでしょう。同じ「海辺」という言葉を聞いても、思い浮かぶ情景には個人差があります。

さらに不思議なことに、その情景を思い浮かべておいてもらうと、場面が転換して、何か出来事が起きたり、誰かが登場したりして、イメージが自律的に動き出していくことがあります。それに能動的（アクティブ）に応答することで物語が生まれ、その中でイメージは時に無意識からのメッセージを私たちに届けてくれることがあります。これはアクティブ・イマジネーションといわれる心理技法であり、ここでイメージは、いわば意識と無意識、心と身体をつなぐ橋渡しのような役割をしています。

2　イップス

ゴローさんの事例では、「イップス」がテーマになっていました。彼の言うイップスが、心理的な理由による動作失調（神経症）なのか、あるいは脳神経機能の障害による、いわゆる局所性ジストニアと呼ばれる病態なのか、専門家の中でも意見の分かれるところでしょう。また、それにより異なる対応が求められるかもしれません。

一方で、少なくともスポーツメンタルトレーニング指導士である筆者は、イップスの原因を探ったり、あるいは症状の除去に時間を費やしたりするよりも、その状況を抱えて苦しむゴローさんを支えることに注力しようとしました。小学校から膨大な時間を費やして反復練習を行うことで、心（意識）でコントロールしてきたはずの身体（無意識）が言うことを聞かないで暴走してしまうという事態は、アスリートにとって大きな脅威に違いありません。プロ選手であるゴローさんにとっては、選手生命がかかっています。

MENTAL
HEALTH

そこで筆者は心と身体をつなぐイメージに期待をしました。イメージの中で身体の訴えに耳を傾け、その様子を観察しながら糸口を探していくことで、ゴローさんの中で「イップス」への理解が深まると同時に、それを受容する態度が見られるようになりました。

なお、イップスについては、これまで多くの方が筆者のもとに相談に来てくれました。野球選手だけでなく、パッティングに悩むゴルファー、サーブを上げられなくなった卓球選手やテニスプレーヤーの他、アスリート以外でもピアニストや書道家、外科医などからの相談も受け、対応してきました。

イップスについてはとかく「メンタルが理由」と考えられていましたが、同じ動作を繰り返し行うことによる脳機能の問題ではないかといった視点も重要です。このあたりの概念については、スポーツ心理学からも整理がなされつつあります。例えば、スポーツ心理学会副会長の工藤和俊教授が、分かりやすい論考をまとめていますので参考にしてください（工藤，2008）。

3　ラポール

イメージ体験には個人差が色濃く反映されることから、それを共有するためには、カウンセラーとの間で深い信頼関係、すなわちラポール（rapport, フランス語で「橋を架ける」から転じた心理学用語）が必要です。面談の最初の頃、うまくイメージが描けなかったのは、単にゴローさんにイメージを描くトレーニングが不足していただけでなく、筆者との間で、この問題を安心して扱えるラポールが形成できていなかったことも1つの要因であると思われます。筆者とゴローさんとの間では、キャンプ中のお風呂での偶然の出会いが転機となり、裸の付き合いから、ラポールがより深まったように感じました。

実際、プロ野球選手の中には、ゴローさんと同じような症状に悩む方が少なくないようです。しかしその多くは隠していたり、ゴローさんのように「見て見ないふり」をしていたりするようです。それほど、この問題は他人に触れてほしくない、極めて個人的な話であり、信頼関係のない他者から「イップス」などと烙印を押されることを嫌っています。

試合中、制球が安定しなかったり、すっぽ抜けたりすると、「イップス克服」をうたい文句にした自称専門家（擬似科学者）から売り込みがあったりして当事者たちは辟易しています。信頼関係のない中では、どのような方法も効果を期待できず悪化を招くことすらあります。彼らの興味はイップスを治すことばかりに向き、その問題に苦しむアスリートの心情への配慮が欠けています。少なくとも「させようとする前に分かろうとせよ」を基本に、まずは選手との信頼関係を築きながら、どのような心身の状況なのかを体験的、共感的に理解することが重要です。それにより、選手自身がこの状況への理解を深め、それを乗り越えていくことができると期待されます。

4　イメージの描き方

イメージの描き方についても表6‐1に示す通り、様々なバリエーションがあります。読者も一度このチェックリストに回答をしてみてください。イメージは人によって浮かぶ場所が違うようですが、自分なりの「イメージスクリーン」を決めておくとよいでしょう。そして鮮明で、カラーのイメージを描くことで、より現実に近い状況をイメージの中でも体験できるようになります。また、イメージトレーニングの目的に応じて場面や内容を切り替えられるのがよいでしょう。例えば失敗場面を思い浮かべ、それを成功場面に切り替えたりすると、課題がはっきりすることがあります。

いずれも、ゴローさんのメンタルリハーサルのように、実際に体験しているかのような、視覚・聴覚・筋感覚など、五感をフルに活用してリアルなイメージを描くことが重要です。

このうちQ4にある外的イメージと内的イメージについては、少し解説をしておきます。表6‐2をご覧ください。イメージを外から見ている、つまりあたかもVTRで自分のプレーを見ているような客観的イメージを外的イメージと呼びます。一方、自分の内側から、あたかも実際に体験しているかのように描く、主観的イメージを内的イメージと呼びます。

従来のスポーツ心理学の教科書には、運動学習の実験結果に基づき内的イメージが有効であるとの記載がありました。しかしプロ選手や日本代表選手の中には、あえて外的イメ

表6-1　イメージの描き方のチェックリスト

Q1 イメージはどこに浮かびますか?　→　(まぶた・額・頭の上・その他)

Q2 鮮明(クリアー)でしたか?　→　(はっきりくっきり・ぼんやり・霧)

Q3 カラーですか?白黒ですか?　→　(フルカラー・部分カラー・白黒)

Q4 イメージの視点は外的?内的?　→　(外的イメージ・内的イメージ・混合)

Q5 切り替えることができますか?　→　(切り替えられる・できない・分からない)

表6-2　外的イメージと内的イメージ

イメージの種類	特徴	イメージの描き方(具体例)	期待される効果
外的イメージ	見ているイメージ(客観的)	自分のビデオを見ているような、外側からのイメージ	・フォームの確認 ・鮮明性の向上 ・統御性の向上
内的イメージ	しているイメージ(主観的)	実際に自分がプレーしているような、内側からのイメージ	・新しい技術の獲得 ・身体感覚の確認 ・筋運動感覚の向上

ージに取り組んでいる人が少なくありません。そのことから筆者は、それぞれ期待される効果が違うと考えています。

一言でいえば、内的イメージは新しい技術の獲得など「実力養成」に関わり、外的イメージは目標とする試合で自分が活躍している場面を外から眺めることができるため、大切な場面での「実力発揮」に関わると考えています。したがって、両方を目的に応じてうまく使い分けられるのがよいと考えられます。

詳細については、イメージトレーニングの様々な課題をまとめた図書を出版していますので参考にしてください（中込・土屋他，1996）。

事例のその後

ゴローさんは、対戦チームの打者を具体的に想定し、自分の理想とする一球一球を、内的イメージで丁寧に思い描いていきました。その後、同じ対戦相手を思い浮かべ、満員の観客の中で自身が堂々と投げ込んでいる場面を外的イメージで思い描きながら、メンタルリハーサルを続けていきました。

同時に、練習でも実際の場面を想定して投げてみることで、その完成度を高めていきました。時折、嫌な予感がすることもあるそうですが、深呼吸を1つしてニュートラルポジションに意識を戻し、前向きな気持ちをつくってから投げるという、プレ・パフォーマンス・ルーティーンを確立していきました。練習後の振り返りシートには、課題や改善点を記載することが多かったのですが、筆者からの提案で、うまくいったところ、さらに伸ばして行けそうなところを中心に記述してもらうようにしました。

シーズンが始まるとコーチの進言と監督の配慮で、勝敗に関係しない場面での登板で起用され、失投を恐れることよりも、良い球を投げることを心掛けて取り組んでいきました。実際には制球に苦労する場面もありましたが、それも持ち味にできればと前向きに捉えていけることが多くなったようです。特に、コーチとの間で投球フォームを改善しつつあり、技術面でのチェックポイントを確認することで持ち直したりすることができるようになっていきました。また、トレーナーが親身に相談に乗ってくれたり、登板前はリラックスできるようにと、入念に肩や肘のケアをしてくれたりしたそうです。

チームの選手登録の事情で何度か2軍に落ちることもありましたが、シーズンを通じて投げ続けることができ、その結果、チームメイトからも信頼され、また球団の評価も上がったようです。シーズン後の振り返りでは、「心配されたシーズンではありましたが、皆さんのサポートのおかげで、何とかやり切ることができました。イップスは結局治りませんでしたが、自分なりに付き合っていく方法が見つかりました。支えていただきありがとうございました」と教えてくれました。ゴローさんにとってイップスは、元通りに「治る」

というよりも、それを認めて付き合い方を見つけていく、それが「克服法」の１つの形だったようです。

またこの一連のひたむきな取り組みにより、チームメイトからの信頼が得られていったことも特筆すべきことかもしれません。つまりイップスをきっかけにゴローさんはアスリートとしても人間としても成長していったようです。ピンチは成長のためのチャンス、その有効なツールとしてイメージトレーニングが機能したようです。

まとめ

本章では、原因不明の動作失調に悩む投手の事例を紹介しながら、イメージトレーニングの実際について、その基礎的な態度や取り組み方について紹介しました。イメージトレーニングも「トレーニング」である以上、繰り返しの練習が必要です。さらに量だけでなく、その質を高めることも大切だということをゴローさんの事例は教えてくれています。

ところで、故・成瀬悟策先生の編み出した、催眠とイメージを組み合わせた「イメージトレーニング」が、１９６４年の東京オリンピックに向けたアスリートへの心理サポートに活用されたことを冒頭で紹介しました。このイメージトレーニング（image training）という言葉は和製英語です。アメリカやイギリスの研究者は心像をイマジェリ（imagery）

と呼び、image（本来は「印象」の意味）とは区別しています。にもかかわらず、スポーツ心理学に関連する国際学会に参加すると、イメージトレーニングという和製英語が研究者や実践家の間で通じることがあります。

日本のスポーツ心理学は、例えばアメリカに比べて20年も遅れているなどと言う人がいます。しかし、１９６０年頃から世界に先駆けて始まった日本のスポーツ心理学の取り組みが、様々な形で国際的にも取り入れられていることが分かる興味深いエピソードです。

それから約60年の歳月が経ち、同じ東京で再びオリンピックを開催することができました。奇しくもコロナ禍でアスリートのメンタルヘルスの問題が心配される大会になりましたが、彼らに寄り添ったサポートができました。この成果については海外からの問い合わせもあり、今後情報を発信していくことが求められています。

次章では、イメージトレーニングの実際問題について、ピークパフォーマンス（至高体験）の観点から紹介します。

理解を深めるためのチェックポイント

1 本章で紹介したゴローさんの相談に対して、あなたならどのように対応するか、またなぜそのように対応するのか、考えてみましょう。

2 実際にスポーツをしている場面をイメージした後、表6-1に示したチェックリストに回答してみましょう。その後、どのようにイメージを描くことが、実際のパフォーマンスの向上に役立つか、考えてみましょう。

3 本章では、イップスに悩む事例を紹介する中で「ピンチは成長のためのチャンス」ということを強調しました。あなた自身の人生の中で、「ピンチは成長のためのチャンス」と思われるような体験はありましたでしょうか。どのような体験がこれに当てはまるか、振り返って考えてみましょう。

第7章 ピークパフォーマンス時の心理的世界

前章では、原因不明の動作失調（イップス）に悩む投手、ゴローさん（仮名）の事例をもとに、イメージトレーニングの具体的な方法や手順について解説しました。その中で、イメージはいわば意識と無意識、心と身体をつなぐ橋渡しのような役割をしていることに触れ、イメージをうまく活用することで、実力発揮のみならず、アスリートとしての人間的な成長にも役立つことを紹介しました。

イメージトレーニングは、前章のような心理的課題への対処・予防だけでなく、より理想的な競技遂行状態を創造するためにも活用することができます。本章では、イメージトレーニングの応用法として、ピークパフォーマンス分析について紹介します。

ピークパフォーマンスは至高体験とも言われ、Peak（絶頂・頂点）と感じるような理想的な競技遂行状態を指します。この状態は、「ゾーンに入った」とか「身体が勝手に動く」のような、通常とは異なる心理・身体的な体験として報告されることがあります。長く競技に携わっているアスリートであれば、一度はこのような経験をしたことがあるのではないでしょうか。同時に、どんな状況下でも、できるだけピークパフォーマンスに近い理想的な状態でプレーし、成績を安定させたいと願うアスリートも多いと思われます。

以上から本章では、「シーズンを通して安定した成績を出し続けたい」と言って来談したプロゴルファーの事例をもとに、ピークパフォーマンス分析の方法を紹介します。なお、私たち心理サポートの専門家（日本スポーツ心理学会認定スポーツメンタルトレーニング指導士）には守秘義務がありますので、個人情報の詳細や相談の内容については、本質をゆがめない範囲で改変して示していることを予めお断りしておきます。

事例の紹介
「安定した成績を出し続けたい」と言って来談したケイスケさん

ケイスケさん（男性、仮名）は、国内のツアートーナメントに参加している20代後半のプロゴルファーです。ケイスケさんのようなツアープロの生活は実に多忙です。シーズン中はほぼ毎週、木曜日からツアー予選に参加し、週末に行われる決勝ラウンドへの参加を目指して「神経を削りながら」プレーします。そして月曜日と火曜日は練習の他に心身のケアに充て、それが終わると火曜日あるいは水曜日には次のツアー会場への移動という生活を送っています。

多忙に加えて心理的にも過酷です。ツアーに参加していても、木曜日・金曜日の予選を通過しないと決勝に進めず、決勝に進めなければ賞金が獲得できません。ツアー参加のための遠征費は、交通費や宿泊費だけでも年間で数百万円、その費用を賄うためにも、毎試合予選を確実に通過して、土日の決勝ラウンドに臨み、上位を目指すことが求められます。つまり、年間を通じて毎試合予選を通過できるように安定したパフォーマンスを発揮することが必要不可欠であり、かつ大きな大会では、次シーズンの出場権（シード）を確保すべく、自身の実力を発揮することが求められるのです。

過酷なのはスケジュールだけではありません。安定したパフォーマンスの発揮といっても、コースによってその特徴は様々で、気候や天候の他、コースのコンディションも多様であり、グリーン周りやパットの感覚などは、当日になってみないと分からないことも多く、想定外の出来事が頻繁に生じます。またキャディーさんとの相性や一緒に回る他のプロ選手とのコミュニケーション、さらにファンやスポンサー、メディア対応など、プレーへの集中の妨げとなる要因も少なくありません。

以上のように、ツアープロの独特の事情を背景として、ケイスケさんはプロテスト合格後のシーズン中に、筆者のもとへメンタルトレーニング指導を求めて来談されました。過酷なスケジュールの中でも、常に安定して実力を発揮しなければならないということが課題となっていました。

ケイスケさんとは、オンラインでのセッションを中心に、本書の中でこれまで紹介したアセスメント（メンタルチェック）から目標設定、あがりへの対処、リラクセーション、そしてイメージといった内容についてトレーニングを行っていきました。特にリラクセーション技法と積極的思考法などがケイスケさんのニーズに合致したようで、プロ転向後の1年目、2年目は順調に活躍されていました。さらに飛躍を目指した3年目からは腰痛などに加え若手実力者の台頭などもあり、なかなか上位争いをすることができないでいました。

そこでイメージトレーニングの応用として、理想的な競技遂行状態を創造するために、ピークパフォーマンスの分析を行うことになりました。その方法は以下のような手順で行いました。

1　ピークパフォーマンスの選定

かつて体験した理想的な競技遂行状態を思い浮かべてもらうため、最高の成績を収めた大会、あるいはとても調子が良いと感じた試合を1つ選んでもらうよう伝えました。ケイスケさんはアマチュア時代に海外で優勝した大会と、プロ1年目に上位争いをした試合とで、どちらが良いか迷っていました。

筆者は、「これからイメージで想起してもらいます。2つの大会のうち、どちらがより具体的に思い浮かべられそうですか？　そして、どちらを思い浮かべることが今後に役立ちそうですか？」と尋ねました。ケイスケさんはそれを聞いて、国内ツアーに参加し始めたばかりの頃、好成績を残した大会を選んでくれました。そして筆者が用意したA3サイズの台紙中央に、「〇〇カップ準優勝」と書き込んでくれました。

2　自由連想的なイメージ想起

ピークパフォーマンスの決定後、「〇〇カップ」で優勝争いをした当時の日時・コース名を確認し、筆者と一緒にその状況のイメージ想起を行いました。最初に、漸進的筋弛緩法から呼吸法、そして自律訓練法により心身のリラックスを図りました（詳細は第5章「リラクセーションのすすめ」を参照）。ゆったりとした気持ちを確認した後に、筆者から表7-1に示した①から⑥の問いかけを行い、自由連想的なイメージ想起、すなわち思い浮かんだものをそのまま体験するように指示しました。

問いかけ後は、しばらく時間を置き、十分にイメージ想起ができたら、ケイスケさんに太ももの上に置いた手の人差し指で合図をしてもらい、次の問いかけに移る、という具合

表7-1　ピークパフォーマンスを追体験するための問いかけ

イメージ想起	イメージを追体験するための具体的な問いかけ
①練習場面	当時は誰とどんな練習を行っていましたか？　コンディションは？　何を課題にしていましたか？　練習している場面を思い浮かべてください。
②会場移動	大会会場への移動場面を思い浮かべてください。誰とどのように移動しましたか？　どんな気持ちでしたか？　目標はどんなことでしたか？
③コース練習	コース練習の場面を思い浮かべてください。コースの印象はどうでしたか？　どのようなことに気をつけようと思っていましたか？
④予選	大会当日、まずは予選のことを思い浮かべてください。お天気はどうでしたか？　体調はどうでしたか？　序盤、中盤、終盤とどんなことを考えていましたか？　プレーの追体験をしてください。
⑤決勝	続いて決勝ラウンドについて思い浮かべてください。どんな気持ちで向かいましたか？　どこでナイスショットが出ましたか？　その場面をありありと思い浮かべ、眺めてみてください。どのような状況でしたか？　どんなことを考えていましたか？　どんな気持ちでしたか？　身体の感覚はどのようでしたか？　プレーの追体験をしてください。
⑥試合後	大会後の様子を思い浮かべてください。インタビューではどのようなことを話しましたか？　コーチやトレーナーとはどんなお話をしましたか？　身近な人や家族からはどんなフィードバックがありましたか？　大会を振り返ってどんな気持ちになりましたか？ この試合で学んだ教訓は？　そのときの自分に何か声掛けをするとしたらどんなことを伝えますか？

に進行させました。

ケイスケさんには、以上の①から⑥までを20分程度の時間をかけてゆっくりとイメージ想起をしてもらいました。特に⑤の理想的な競技遂行状態では、ピークパフォーマンス時の認知、思考、感情、行動について、今、まさにここで体験しているかのように、ありありと想起してもらいました。

3 クラスタリング

前記のイメージ終了後は消去動作として、サイキングアップ（大きく息を吸い込んで強く吐き出す呼吸法）を行い、手足のストレッチなどをして覚醒水準を上げ、身体をシャキッとさせてから、ケイスケさんに目を開けるよう伝えました。そして、イメージ想起中に体験した事柄を、付箋紙に短いコメントとして書き出してもらいました。

例えば、①の練習場面では「師匠にスイングを確認」「パーオン率で勝負」、②の移動場面では「初めてのコースでワクワク」「食事が美味しい」「パーティでリラックス」、③のコース練習場面では「好きなコース」「芝がきれい」「きっと大丈夫」などが書き出されていきました。続いて④予選の場面では「プロの仲間入り」「我慢してチャンスをねらう」「4日間勝負、自分らしく」「自信、どこまでいくか楽しみ」、⑤の決勝の場面では「トップ争い、負ける気がしない」「失敗を恐れないでチャレンジ」「集中、スコアが気にならない」「打つ前から軌道が見える」「イメージ通りのスイング」「自然体、身体が勝手に動く」のような、よりプレー内容に近いことがたくさん書き出されていきました。最後に⑥の大会終了時の場面では「ミスの後リカバリーが大事」「最後まで粘り強く、覚悟」「周りに感謝」「彼女の笑顔」のようなことが書き出されていきました。

書き出された付箋紙は、トータルで数十枚以上となり、用紙の上に無造作に置かれています。それらを眺めながら、相互に関連のありそうなもの同士を近くに並べていく、クラスタリング（グループ分けして分類すること）を行いました。

例えばケイスケさんの場合、②の「初めてのコースでワクワク」と③「きっと大丈夫、良い予感」が相互に関連する心理的体験のようで、それらを近くに置いて線で結んでいきました。細い線はそれぞれに関連のあることを示しており、さらに太線はそれらが強く結び付いていることを示すなど、クラスター図の作成を通じて、心理的世界の特徴を表現していきました。

4　心理状況の理解とタイトルづけ

続いて出来上がったクラスター図（図7－1）を眺めながら、ケイスケさん自身にピークパフォーマンス時の心理状況について語っていただきました。それぞれの要因の関連について語るうち、新たな気づきがもたらされていきました。

例えば、①の練習場面ではスイングが微妙にしっくり来ず、初心者の頃から指導していただいた「師匠」に動画を送りチェックしてもらったこと、そして当時ケイスケさんは、内心プロとしてどれぐらい通用するのか不安であったことを思い出しました。また、身体的にはプロ生活の転戦に慣れず、疲労も溜まっていたことなども思い出していきました。それらも別の色の付箋紙に書き入れて、クラスター図に加えました（図中央左側）。

これらのネガティブな状況に対してケイスケさんは、移動時にリラックスに努めたり、自分に大丈夫と言い聞かせたりして、この大会に臨んでいったこと、さらに予選から決勝にかけて粘り強くプレーを続けるうちに、次の一打への集中力が増していったこと、ショットの前に軌道が見えるようになり、その感覚にさらに集中することでイメージ通りのスイングができるようになっていったことを、筆者に対して時に実況中継風にありありと語ってくれました。

心理状況への理解が深まった後、筆者が「このクラスター図にタイトルを付けるとするとどうなりますか？」と尋ねると、ケイスケさんは少し思いを巡らせてから、「プロの原点＝一打に集中、プレーを楽しむ」と名付けてくれました。そこには、ここで経験したピークパフォーマンス時の心理的世界を原点として大切にしていこうという、ケイスケさんの気持ちが込められているように感じました。

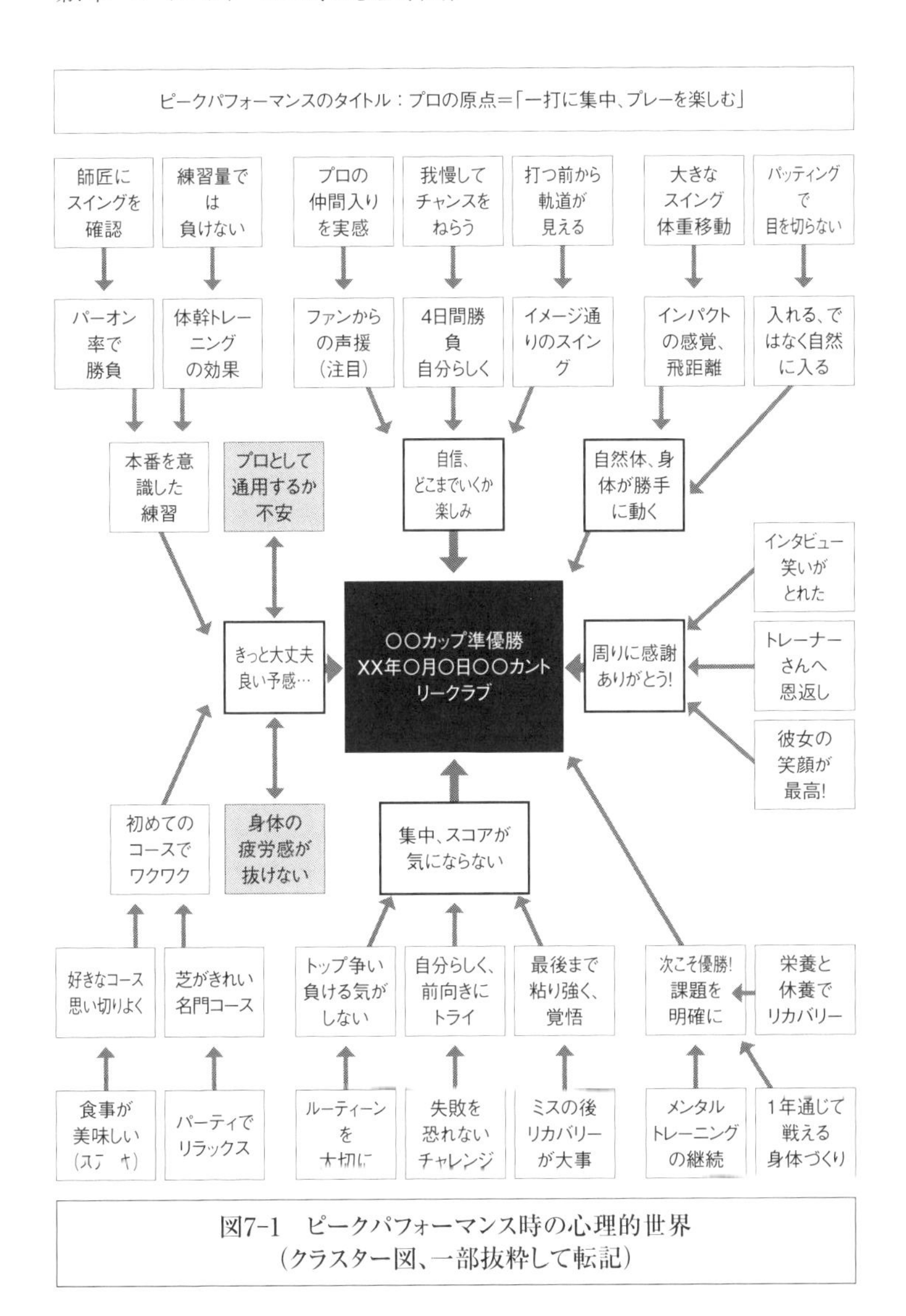

図7-1　ピークパフォーマンス時の心理的世界
（クラスター図、一部抜粋して転記）

理論解説

1　パフォーマンス曲線

一般に競技成績は直線的に伸びることは少なく、曲線を描くことが知られています（学習曲線）。横軸に時間（練習量）、縦軸に競技成績（パフォーマンス）を取ると、図7－2に示すような4つの類型が想定されます。

実際のアスリートの競技成績を見ると、①のような直線型はほとんど見られず、②あるいは③、さらにそれらの組み合わさった④のようなS字型曲線を示すことが知られています。ケイスケさんのようにジュニア期に飛躍的にパフォーマンスが向上したアスリートのパフォーマンス曲線は、③から②へ移行し、その後パフォーマンスの伸び悩み（プラトー、高原現象）や落ち込み（スランプ、もともとは相場の急落を示す経済用語）に直面することが少なくありません。ピークパフォーマンス分析はそれを打開するための方法です。

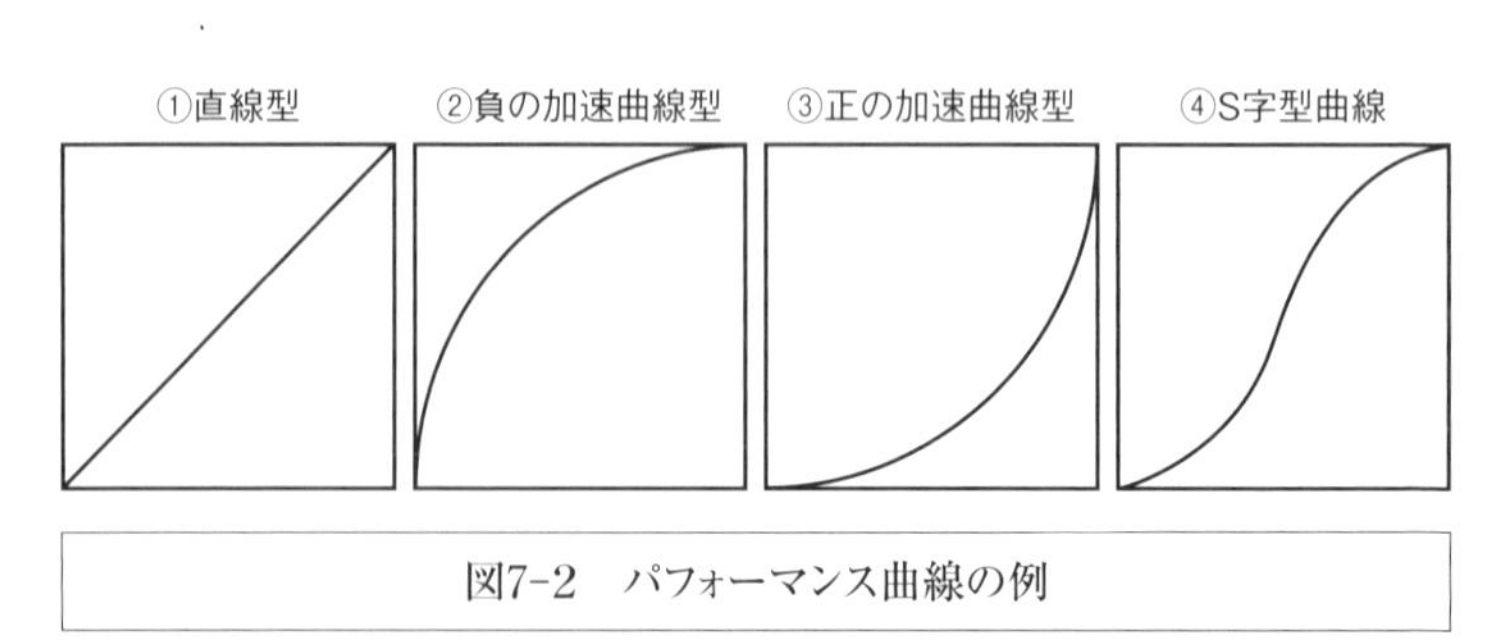

図7-2　パフォーマンス曲線の例

2　心のスナップ写真

ケイスケさんと実施したピークパフォーマンス分析は、ガーフィールド博士（Charles A. Garfield, PhD）が提唱した概念をもとに中込・土屋ら（1996）が考案した手順によって実施されています。その特徴は、自由連想的なイメージ想起により、ピークパフォーマンス時の心理的世界を追体験すること、そしてそれらの要因の関連性を分類・整理（クラスタリング）して分析し、自身の実力発揮の条件を探索することにあります。いわば「心のスナップ写真」を作り上げるような作業であり、それにより次の試合でもピークパフォーマンスに近い心理状態を作り上げる方法です。要するに、そのための準備を意識して行うことで、より高いレベルで安定したパフォーマンスを発揮できるようにすることが目的です。

ケイスケさんは、ピークパフォーマンスの選定にあたりアマチュア時代に海外で優勝した大会と、プロになったばかりの大会で上位争いをした試合とで、どちらが良いか迷っていました。筆者の問いかけでアマチュア時代ではなくより最近の経験を選びましたが、より鮮明かつ詳細なイメージを思い描くことができる方を選んだのは良い選択だったと思われます。それにより、数十枚の付箋紙に当時の心理状態がアウトプットされ、それが整理されて1枚のクラスター図が完成しました。

心は身体に比べて外から観察することが難しく、ピークパフォーマンスの再現のためには、その設計図となるブループリント（青写真）のような役割を果たす「心のスナップ写真」が必要です。ケイスケさんの場合、ここでピークパフォーマンスとして取り上げてくれた「○○カップ」で優勝争いを繰り広げているときの動画は簡単に入手できます。したがって、その一打一打を客観的に観察することでスイング（身体の状態）はすぐに振り返ることができるでしょう。

しかしそのときの心理状態については、外から観察することができないため、それを可視化したものが「心のスナップ写真」、すなわちクラスター図となります。動画で確認できるナイスショットを再現するために、どのような心理的準備をすればよいのかを探索することが、このピークパフォーマンス分析の目的です。

3　ピークパフォーマンス時の心理的世界

これまで筆者は、ゴルファー以外にも野球やサッカーなどのプロ選手、さらに剣道や体操、卓球等の日本代表選手等との関わりで、様々なアスリートに対してピークパフォーマンス分析のお手伝いをし、「心のスナップ写真」の作成過程を見てきました。中にはレーシングドライバー等も含まれています。

興味深いことに、これらの競技ではその特性が様々であるにもかかわらず、競技横断的に共通する心理状態が確認できるようです。例えば、プロ野球選手はホームランを打つ前

表7-2　ピークパフォーマンス時の8つの心理的特徴

8つの心理特徴	具体的な心身の状態や感覚
①精神的リラックス	気持ちに余裕があり心理的に充実した感覚
②身体的リラックス	無駄な緊張がなくゆったりとした身体感覚
③楽観的で自信に満ちた状態	なんとかなる、きっとできるといった感覚
④今の状態への集中	過去へのとらわれや失敗への不安などがない状態
⑤精力的	より高い次元でプレーできる、活力のみなぎった感覚
⑥高度な意識性	状況が手に取るように分かっている感覚
⑦統御可能性	自分自身をコントロールできている感覚
⑧安心感	繭に包まれているような、何かに守られている感覚

に「ボールが止まって見える」と言い、サッカー選手は「シュートコースに身体が自然に動く」、剣道選手では「相手の太刀筋が見える」のように報告してくれました。これらの報告には、「今、ここ」への集中と、状況が手に取るように分かっているかのような変性意識にも通じる不思議な感覚が共通して認められます。

このピークパフォーマンスの概念を提唱したガーフィールド博士は、世界レベルで活躍する様々な種目のトップアスリートを対象とした分析を行っています。そして競技の区別を問わず、ピークパフォーマンス時の心理的特徴として共通する、8つの状態を挙げています（表7－2参照）。

前記の共通する感覚の例は、④今の状態への集中と⑥高度な意識性が合わさったような感覚であると考えられます。なお、ガーフィールド博士の論述には、例えば⑧の"in the cocoon"のように翻訳の難しい用語があるため、「安心感」と意訳して表7－2の右側に具体的な心身の状態や感覚について、補足して解説しておきました。読者も、自身のピークパフォーマンスを振り返りながら、これらの状態がいくつ確認できるか、チェックしてみるとよいでしょう。

事例のその後

理論解説において、パフォーマンス曲線にはプラトー（高原現象）やスランプがあることを紹介しました。特にケイスケさんの場合、大学卒業後、プロに転向してからは生活環境も変わり、それに適応することも求められていました。環境への適応を焦ると、自身の持ち味や強みを失くしてしまうことにもつながりかねませんでした。

ケイスケさんは、プロ生活の転機となる3年目に、自身の原点となるピークパフォーマンスを振り返り、ゴルフを楽しむこと、そのためにミスを恐れず挑戦すること、仮にミスをしても次に向けて前向きに取り組むことの大切さを確認していきました。

その後ケイスケさんは、このピークパフォーマンス分析が転機となり、最後のホールアウトまでチャンスをねらって粘り強く取り組むことを自身のスタイルとして取り組んだ結果、ティーショットを曲げてもアプローチでカバーしたり、ボギーの後にバーディを取ったりすることが多くなり、スコアの安定につなげていきました。

まとめ

本章では、イメージトレーニングの応用編として、ピークパフォーマンス分析について紹介しました。過去に経験したピークパフォーマンスをじっくりと追体験することで、自身の強みを再確認できたり、自分らしくプレーするためのヒントを見つけられたりすることがあります。イメージは心と身体をつなぐものであることは先に紹介した通りですが、このような洞察がもたらされるためには、心身のリラクセーションを行うことによる、深いイメージ体験への没入が必要となります。

アスリートが自身の心に向き合い、自己発見的に関わるためには、安心して取り組める「護られた空間」が必要です。ここにもスポーツ心理学を専門的に学ぶことの意義が認められます。

理解を深めるためのチェックポイント

1

本章で紹介したケイスケさんの相談に対して、あなたならどのように対応するか、またなぜそのように対応するのか、考えてみましょう。

2

あなた自身のピークパフォーマンスのクラスター図を、図7-1を参考にしながら作成してみましょう。その後、あなたが実力を発揮するための心理的条件とはどのようなことかを考えてみましょう。

3

あなたが日常生活の様々な場面でより良いパフォーマンスを発揮するためには、どのような心構えでいることが重要になるでしょうか。表7-2に示した比較的共通して認められる8つの心理状態を参考にしながら、自身にぴったりな心理的コンディショニングの方法（例;「気持ちに余裕を持つ」「今、ここへの集中」、他）について考えてみましょう。

第8章 絆を深めるチームビルディング

前章では、プロゴルファーのケイスケさん（仮名）の事例をもとに、ピークパフォーマンス分析の方法について紹介しました。アスリートであれば、Peak（絶頂・頂点）と感じるような理想的な競技遂行状態を常に意識しながら、安定したパフォーマンスを発揮したいと考えていることでしょう。

ケイスケさんの事例では、このピークパフォーマンス分析が転機となり、自分らしくプレーするヒントを見つけていきました。ピークパフォーマンスのクラスター図には「周りに感謝」「トレーナーさんへの恩返し」「彼女の笑顔が最高！」など、周囲の人との関わりが記載されていました。アスリートのパフォーマンスには、監督・コーチ、チームメイト等の「重要な他者」との関わりや絆が深く関連していることが確認できます。

特に、サッカーやラグビー、バレーボールやバスケットボールなどのチームスポーツでは、チームワークが極めて重要な意味を持ちます。また卓球やテニス、バドミントンなどの個人種目でもダブルスがあったり、柔道や剣道でも団体戦があったりします。陸上や水泳でもリレーがありますので、個人種目でもチームワークは重要です。興味深いことに、オリンピックや世界選手権の成績を見ると、日本は個人ではメダルに届かなくてもペアや団体種目でメダルを取ったり、身長や体格で劣る相手にも、チームワークで勝利したりする例が少なくありません。

パフォーマンス発揮のためには、チームワークを高めることが重要であることから、例えば筆者は、日本代表チームの結団式後の時間を活用して、競技横断的なチームビルディングなどを担当してきました。しかし、チームワークを高めるための実際的な方法について科学的に分析した例は少なく、またその実践的な報告も多くはありません。

本章では、チームワークを高めたいといって来談した、ある大学女子チームのキャプテン、ツバサさんの事例をもとにチームビルディングの方法を紹介します。なお、私たち心理サポートの専門家（日本スポーツ心理学会認定スポーツメンタルトレーニング指導士）には守秘義務がありますので、個人情報の詳細や相談の内容については、本質をゆがめない範囲で改変して示していることを予めお断りしておきます。

事例の紹介

「チームワークを高めたい」といって来談したツバサさん

ツバサさん（21歳女性、仮名）は、ある大学の女子チームのキャプテン（大学4年生）です。ある年の6月中旬、不安そうな表情で筆者のもとに相談に来てくれました。このチームは2ヵ月後の8月に開催される全日本大学選手権（インカレ）優勝を目指すエリートチームですが、直近に開催された地区の大会では、選手が十分に力を発揮することができなかったようです。ツバサさんの考えでは、学年間で意思の疎通がなされておらず、チームとしてのまとまりに欠けているのが原因ではないかと話してくれました。

アセスメントのために、チーム状況についてさらに詳細な聴き取りを行ったところ、以下のような事情を話してくれました。

1　チーム状況のアセスメント

①競技特性

ツバサさんが取り組んでいる競技は、クローズドスキルが特徴であり、タイムを競い合う、いわゆる「個人競技」です。選手個々の専門種目が異なることから、通常の練習は種目ごとにブロックに分かれて行われており、それぞれにコーチがいて相互にかなり独立しているのが特徴でした。

②競技レベル

各選手の競技レベルは様々で、インカレ出場のための標準記録突破を目標とする選手から、オリンピック上位入賞を目指す国際競技力の高い選手までが同じチームに所属していました。そのため一部の選手は、代表チームの強化合宿等で大学を不在にすることが多く、チーム全体としてのコミュニケーションが取りづらい状況でした。

③チームの雰囲気

学年ごとの上下関係は比較的厳しく、特に練習中には下級生が守るべきいくつかの規則があり、そこから派生する上級生と下級生双方の不満を背景として、学年間の率直な意見交換がなされていませんでした。大部分の選手が、比較的早期から専門的なトレーニングを受けており、大学チームへの帰属意識よりも、出身チームへの帰属意識がかなり強いようです。例えば練習中に着用するユニホームについても、大学のものではなく出身チームのものを使う場合が少なくないと言います。

以上の聴き取りにより、ツバサさんのチームは、「個人競技」であることに加えて、学年、種目、出身チーム、競技レベルの異同により、チームとして物理的に、あるいは心理的にもまとまりづらいことが理解できました。一方インカレでは、個人の成績がポイント化され、大学対抗で順位が競われるため、チームの士気（モラール）やチームワークが大切になると言います。そのためインカレに向けて強化合宿を実施する予定で、「合宿の中でなんとかチームをまとめたい。そして、お互い励まし合って合宿を成果のあるものとし、そしてインカレではチームのメンバーに実力を出し切ってほしい」というのがツバサさんの希望でした。学生最後の大きな試合を前にしたキャプテンの、切実な悩みがずしりと伝わってきました。

2 チームビルディングの実施

筆者はチームワークを高めるための具体的な方法について、ツバサさんとさまざまに検討しました。その後、担当するコーチからの要請もあり、筆者が合宿に帯同しながら、以下のような手順で、チームビルディングを行うことになりました。

①介入目標の明確化

まず、チームビルディングによって達成可能な目標を決定するため、ツバサさんに加え、チームの指導スタッフ（各ブロックのコーチおよびトレーナー、マネージャー）とのミーティングを行いました。ここでの議論は、今回のチームビルディングでは具体的に何を目指すか、そのために何を行うかについて共通理解を図ることに焦点を当てました。例えば、ツバサさんの言う「チームをまとめる」という言葉にもさまざまな意味があり、目標をあいまいにしたままでは具体的なプログラムを立てることができません。また目標達成に向けて、コーチやキャプテン、そしてスポーツメンタルトレーニング指導士が、それぞれ具体的にどのような役割を遂行するかを明確にしないと、連携が機能しないばかりか結果として選手に混乱をもたらす場合さえありえます。

以上のような共通理解を背景として、それぞれのスタッフが思い描く、理想とするチームメンバーの状況を、ブレーンストーミング方式で聴き取りました。その結果、「学年や競技レベルを超えて、自分の意見を率直に言い合えることが必要」「とことん追い込むためには、合宿中に選手間で叱咤激励するような本音の交流が大切」「試合に向けた気持ちづくり、特に自信を持ってレースに臨めるように」のような介入目標が浮かび上がりました。

②チームビルディング・プログラムの作成

前記の介入目標に基づき、選手の行動変容を促すための具体的なセッションを、ツバサさんやコーチと相談しながら作っていきました。表8‐1は、何度かのスタッフミーティングを経て作成されたプログラムです。各セッションには、まずチームビルディングのウォーミングアップとして、インカレ優勝を達成している場面のイメージトレーニングを行いました（詳細は第6章「心と身体をつなぐイメージトレーニング」を参照）。

その後、チームワーク向上のための心理的作業（エクササイズ）を実施し、それをもとにグループディスカッションとシェアリング（体験の分かち合い）を行い、最後にセッシヨンを通じた感想を記入してもらいました。これは、一般的なグループカウンセリングの展開方法に準拠しながらも、試合での実力発揮とチームワークの向上の両面を視野に入れた、このチームのためのオリジナルなプログラムです。

③プログラムの実施

表8-1で示したそれぞれのエクササイズの内容や展開方法については、コーチ・キャプテンからの要望や意見が反映されていました。例えば試合前の強化合宿中であることから、全セッションを通じて目標達成のイメージトレーニングを行いました。そのために、#1「オリエンテーション」ではその具体的な方法を説明しつつ、このチームビルディングの展開方法などについて説明を行っています。すなわち、チームワークを高めるためには、学年や競技レベルの違いを超えて、自分の果たすべき役割を認識し実践すること、そのためには本音と本音の話し合いが必要であることなどを説明しました。

#2の「自己への気づき」では「今の私」のタイトルでそれぞれ思い思いの絵を描いてもらい、それを掲示しながら、「この絵は誰が描いたものだと思うか?」「なぜそう思うか?」をそれぞれ発言してもらいました。#3では第7章で紹介した「ピークパフォーマンス分析」を各自に行ってもらい、その体験を学年・種目の異なるペアに紹介し、体験の共有を行いました。#4では試合に向けた心理的準備のために「不測の事態への対処」について考え、強化合宿中にすべきことへの意識づけを高めました。そして#5では成功体験のイ

表8-1　チームビルディングプログラムの概要

セッション名		紹介・実習した内容	ディスカッション時の主な話題
#1	オリエンテーション	注意事項、 イメージトレーニング方法の説明	セッションの展開について イメージの活用方法について
#2	自己への気づき	ネットワーク分析 描画「今の私」	「今の私」のそれぞれの絵に対するフィードバック
#3	心理的世界の共有	ピークパフォーマンスのクラスター分析	ピークパフォーマンス時における心理的世界の追体験と共感
#4	試合前の心理的準備	不測の事態への対処 積極的思考、ルーティーン	不測の事態の振り返り ルーティーンの心理的意味づけ
#5	成功体験のイメージ	目標設定 イメージリハーサル	イメージストーリーについて 競技会に向けた今の気持ち
#6	クロージングセッション	目標達成の笑顔（記念撮影） 別れの花束	別れの花束の感想 体験のシェアリング
フォローアップ（個人セッション）		#1～6までの振り返り セッション終了後の心理的調整について	

土屋（1996）をもとに提示

メージをじっくりと味わい、#6ではその決意表明（アファメーション）と目標達成後をイメージして「記念撮影」を行いました。いずれのセッションも、試合での実力発揮ならびに合宿での実力養成に役立つエクササイズと、その後にメンバー間での絆を深めるディスカッションを行うといった内容でした。

セッションは、夕食後のミーティングに引き続いて実施されました。筆者はファシリテーターとして、選手の取り組みを見守りながら、率直な意見交換がなされるよう、司会進行役を務めました。

理論解説

1 チームビルディングとは

チームビルディングとは、「行動科学の知識や技法を用いて組織力を高め、外部環境への適応力を増すことをねらいとした一連の介入方略」（土屋，2012）と定義されますが、端的に言えば、チームワークを高めるための心理技法です。チームビルディングは、今回のツバサさんのようにチームのキャプテンから依頼される場合の他、監督やコーチからの相談が多いのが特徴です。また、日頃から選手の不平や不満の聞き役になっている、トレーナーさんからの依頼も少なくありません。

このような相談に対して、スポーツ心理の専門家が行うサポートには2つの選択肢があります。1つは、来談してくれたキャプテンやコーチ、トレーナーを支え、コンサルテーションを行っていく方法です。前記の事例で説明すれば、ツバサさんの「チームにまとまりが欠ける」という切実な訴えを傾聴し、辛い心情への共感を心掛けます。そのことにより、ツバサさん自身に気づきと洞察がもたらされ、思考・感情・行動の変容が起こり、リーダーシップ行動が改善することで、チームに望ましい変容が生じることを期待する立場です。

この際、ＰＭ式リーダーシップ理論や変革型リーダーシップ理論、サーバント・リーダーシップ理論など、応用スポーツ心理学の立場から必要に応じて情報提供を行っていくことで、より教育的効果の高いコンサルテーションが可能になります。またこの場合、スポーツ心理学の担当者は裏方に回り、チームのメンバーに直接会うことはなく、黒衣（黒子）に徹することになります。公認心理師でもあり、カウンセリング心理学の研修を受けてきた筆者には、相談者の訴えに忠実に付き添うという点で、最も一般的な関わり方です。

しかし本章で紹介した事例では、キャプテンであるツバサさん、そしてコーチとの相談の中で、もう1つの選択肢が検討されました。すなわち、スポーツ心理学の専門家である筆者が、直接的にチームのメンバーに関わるタイプのチームビルディングです。

このチームビルディングの方法は直接的アプローチと呼ばれ、キャプテンへのコンサルテーションを中心とした間接的アプローチに比べて、スポーツ心理学の専門家が合宿場所に赴いてチームメンバーに直接的に関わるのが特徴です。そのため、短期的にチーム状況を改善できる可能性があります。その一方で、チーム内の人間関係やグループダイナミクス（集団力動）についてよく理解しておかないと、思わぬ形でチームに亀裂が生じる危険性もあります。

今回の事例では、キャプテンであるツバサさん自身も選手としてインカレ優勝を目指して戦うアスリートであることから、筆者がチームビルディングの担当者となり、チームメンバーに直接的に関わる方法が採用されました。

2　チームはどのように成長するか

直接的アプローチの効果を最大限にしながら、そのリスクを最小限に留めるためには、知っておくべきスポーツ心理学の知見がいくつかあります。その1つが、チームの成長段階を4つの時期から説明するタックマンのモデル（図8-1）です。このモデルでは、チームの成長には①形成期、②混乱期、③規範期、④生産期という、特徴的な4つの段階のあることが報告されています。この図をもとに、ツバサさんの事例を見ると、学年間のまとまりのなさなど、メンバー間の葛藤が表面化し、チームに混乱や動揺が生じている混乱期にあることが推測されます。

しかし、このモデルでは、混乱期にこそ、チームメンバー間で心理的な絆を深め、多様性を受け容れ、葛藤を乗り越えることが重要であることを教えてくれています。混乱期は"storming stage"（嵐吹き荒れる時期）と名付けられていますが、「雨降って地固まる」のごとく、この時期をうまく乗り越えることで、そのチーム固有の規範が成立し、チームのまとまり、すなわち凝集性が高まると考えています。今回の直接的アプローチによるチームビルディングは、混乱期から規範期にチームを成長させるための挑戦でした。

筆者としては今回のチームビルディングにより、混乱期を規範期に進めパフォーマンスを発揮する生産期へと導くことができるのか、あるいは混乱がいっそう深まり、

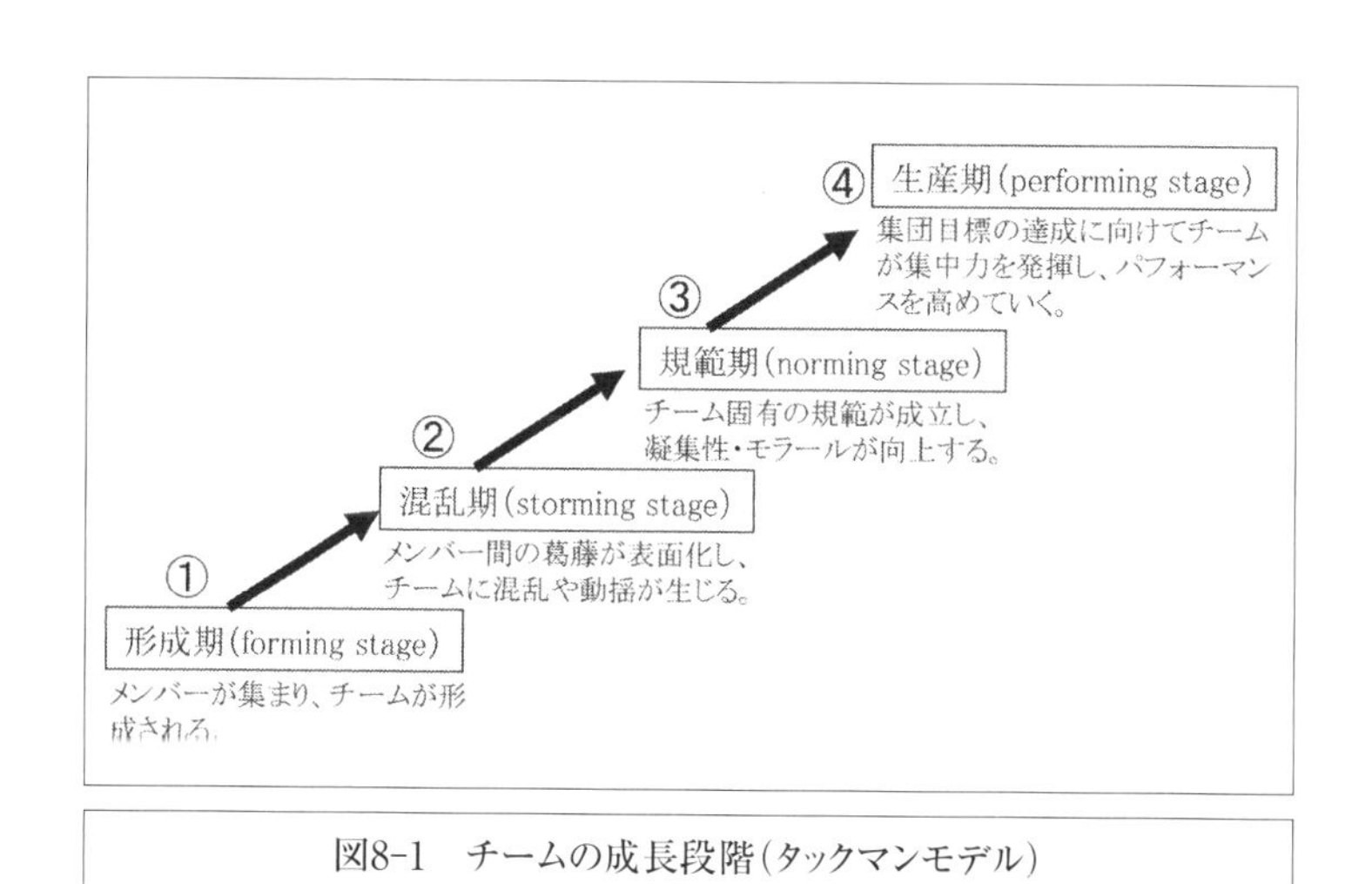

図8-1　チームの成長段階(タックマンモデル)

チームがさらに分裂してしまうのか、スポーツ心理学者としては、きわめて責任重大な関わりを選択したことになります。何より、キャプテンからの依頼はあったものの、そもそも他のチームメンバーからすれば頼んでもいない部外者がチームに関わるわけですから、彼女たちに受け入れられるかどうかは大きな賭けでもありました。

事例のその後

1　セッションの様子

筆者はまず、練習中のチームの様子を観察しました。ツバサさんの教えてくれたチーム状況について、競技特性、競技レベル、チームの雰囲気についてそれぞれ確認をしました。

練習はブロックごとにコーチの指導で行われ、競技レベルごとにメニューも異なっていました。また、準備や後片付けなどは1年生と思われる数名がすべてを行っており、ツバサさんの言っていた様子がよく理解できました。休憩中や食事中もほとんど会話がなく、決まったメンバーと二言、三言話すぐらいで、学年やブロックを超えた会話はほとんどありませんでした。ミーティングでは自主的な発言や質問はなく、コーチからの指示とキャプテンからのコメントで終了するといった様子でした。これも部内のルールなのか、1年生は合宿中、先輩やコーチからの問いかけに「はい」しか言わないようでした。

このような状況の中、いよいよチームビルディングが開始されました。この1週間の合宿中、計6回のセッションでチームにどのような変化がもたらされるか、関与しながらの観察を行いつつ、表8-1に示したセッションにおいて、司会進行役を務めました。最初は戸惑いを見せていたチームメンバーでしたが、ディスカッション時には、チームビルディングのルールとして「感じたままの今の気持ちを出し合うこと」「他人の行動を変えようとしないこと」を繰り返し強調したことで、「今、ここで」(here and now)の自由な感情表出がもたらされていきました。

例えば#3ピークパフォーマンスのクラスター分析では、第7章で紹介した通り、かつて自身が体験した最も理想的な競技遂行場面を想起し、その心理的世界について、付箋紙を使って「心のスナップ写真」を作成するエクササイズを行いました。その後ペア間で傾聴し合い、感情の追体験を行う際に「感じたままの今の気持ちを出し合う」ことを申し合わせていると、その体験を聞いている自分がどう感じているか、語っているペアに対してどう感じているかに意識が向けられていきます。また「他人の行動を変えようとしないこと」が徹底されれば、あくまで自分はこう思う、こう感じているという表現になり、学年や競技レベルにとらわれず、自己理解・他者理解を深めていくことができます。

このエクササイズ中、実力ある上級生と「はい」しか言わなかった1年生とのペア間で、以下のような印象的なやり取りがありました。上級生の選手が「招集所では緊張して、逃げ出したいくらいの気持ちだった。今でも思い出すと胸がこう、きゅーとなる」と言います。それを聞いた1年生が「えー、そうなんですか。先輩は、私らなんかと全然違って堂々としていると思っていました。なんかそれを聞いて、少しほっとしたっていうか……」のような、率直で自由なコメントが返され、それに上級生が首を大きく縦に振って応える、というやり取りがありました。

その後、この1年生の振り返りシートの感想記入欄には、「自分のピークパフォーマンスを振り返っているときにペアの先輩が目を閉じて聞いてくれて、あのときの経験を一緒にやってくれている感じがした。私は試合になると泣きそうになるぐらい緊張する。泣いちゃったこともある。でも今日は先輩と話せて、『あー、オリンピック出てるような人も同じなんだ』と思ったらすごく楽になった。これからはもっと先輩たちに相談したり、自分の意見とかを言っていこうと思う」のようなコメントが認められました。自己洞察の深まりと同時に、行動変容へのきっかけをつかみつつあるように感じられました。

2 メンバー間の葛藤

もちろんチームの成長プロセスは直線的ではなく、例えば選手からは、インカレ直前まででいろんな不安や戸惑いが訴えられるようになりました。それに対して筆者は、スポーツ心理学者としての自分の役割は、選手が主体的に問題解決を図れるよう援助することであると心に刻み、選手の訴えを丁寧に、ただただ聴くことに努めました。より効率的な練習メニューを与え、指導するのがコーチの役割。自分のため、そしてチームメンバーのために率先して練習に取り組むのがキャプテンであるツバサさんの役割。それに応えこ、常にベストを尽くすのが選手各人の役割。ならば筆者の役割は、それら主体的な取り組みを見守ることに尽きるだろうと考えました。

個人面談では「コーチは自分を理解していない」と怒りをぶつける選手、チーム運営に関してキャプテンへの不満を語る1年生選手もいました。彼女らの悩みや訴えに対して筆者は、なんら価値判断を加えず、気の利いたアドバイスをしたくなる気持ちも戒めて、ただ彼女たちの成長の可能性を信じてあくまで受容的、共感的に傾聴し、寄り添うことに努めました。

それぞれの選手の視点から見れば、なるほど訴えの通りです。1年生選手の立場になれば、辛い心情も理解できます。しかし、コーチやキャプテンが悪いわけではないし、まして選手自身が悪いわけではありません。誰もがチーム目標の達成のために一生懸命取り組もうとしている中で、様々な葛藤が表面化している状況でした。このことに気づけば、自ずと自分のやるべきことが選手の意識の中でもはっきりするでしょう。

心のエネルギーのベクトルは、次第に「悪者探し」から「自分の未来」へと照準を変えていきました。チームの混乱期を乗り越えるのはあくまでチームの主役である選手たち自身ですから、筆者はセッションを通じて、安全な形で本音と本音の交流ができるよう支援しながら、チームの成長を見守っていきました。

3　チームの成長

チームビルディングのセッションが進行するにつれ、少しずつチームに士気（モラール）の高まりが認められ、コミュニケーションが活発になっていきました。コーチとのミーティングでは、「例年に比べ練習への参加状況が改善されている」「練習前に全員で掛け声（エール）を行うようになった」など、スタッフからも選手の前向きな変化が具体的に報告されるようになりました。セッションを担当する筆者としても、プログラムを通じて、メンバー間で心理的な絆の深まりを感じさせる印象的な出来事を積み重ねていきながら、介入目標としたチーム状況に近づきつつある実感を得ていました。

強化合宿後に参加したインカレでは、ほぼすべてのメンバーが目標タイムを更新し、チーム目標を達成しました。また、相談してくれたキャプテンであるツバサさんからは「目的は果たされた」とのコメントがありました。さらに合宿期間中、個別に不安や戸惑いを話しに来てくれたメンバーの一人は、「この合宿では、チーム一丸で戦うという経験をして、○○（競技名）の楽しさに気づきました。大学卒業後はチームＪＡＰＡＮとして戦えるよう、もっとうまく、もっと速くなりたいと思います」と言い、卒業後はオリンピック出場を目指して、より高いレベルで競技を続けることを決意されました。個人種目であっても、自分を取り巻く他者との絆を深めることの大切さに気づき、競技への楽しみを再確認してくれた選手がいたことは、チームの成長と合わせて、筆者にとってはとてもうれしい出来事でした。

まとめ

本章では、チームワークを高めるためのチームビルディングの実践例について紹介しました。スポーツの楽しみは、個人の能力の卓越と同時に、他者との絆を深め、共同作業を通じてより大きな目標に向かって取り組めることにあります。チームワークは、単なる仲良し集団で生まれるのではなく、共通の目標達成のために、時に叱咤激励したり、お互いに切磋琢磨したりすることで生まれるものです。対立や葛藤は、むしろ成長のための糧になりうるものと捉えることができます。

集団はあたかも1つの生き物のようで、良い時もあればうまくいかない時期もあるでしょう。もしかすると読者が所属するチームでも、形成期から混乱期を迎えているチームも少なくないと思われます。読者の皆さんの中にはツバサさんのように、チームのまとまりのなさを感じ、辛い思いをしている人がいるかもしれません。しかし、ここでも「ピンチはチャンス」というメンタルトレーニングの教えが活かせるはずです。「雨降って地固まる」のごとく、本章で示した事例が、読者にとって混乱期を乗り越え、規範期から生産期へとチームを成長させるヒントになれば幸いです。

理解を深めるためのチェックポイント

1

本章で紹介したツバサさんの相談に対して、あなたならどのように対応するか、またなぜそのように対応するのか、考えてみましょう。

2

チームビルディングのコツは、心理的安全を確保したうえでメンバー間の絆を深めることにあります。あなたが所属する集団やチームにおいて、心理的絆を深められるようなアクティビティにはどのようなものがありそうでしょうか。実際にできそうな具体的な取り組みについて考えてみましょう。

3

あなたが所属する集団やチームを対象に、図8-1に示した4つの成長段階を当てはめた場合、それぞれどのような出来事があったでしょうか。特に本章で「雨降って地固まる」と紹介した、混乱期から規範期にはどのような出来事があったのかを振り返り、「ピンチは成長のためのチャンス」があなたの所属する集団やチームにも当てはまるかどうか、考えてみましょう。

第9章

メンタルリハーサル
試合に向けた心理的準備

前章では、ある大学女子チームのキャプテンであるツバサさん（仮名）からの依頼で実施した、チームワーク向上のためのメンタルトレーニング、すなわちチームビルディングについて紹介しました。そこでは安全な形で本音と本音の交流を目指す、構成的グループ・エンカウンターの手法を用いてチームメンバー間の絆を深め、チームが目標達成へ向けて躍進していく様子が確認できました。同時に、卓越を目指す過程でメンバー個人の人間的な成長も垣間見ることができ、改めてスポーツの意義や価値に気づく機会になりました。

本書ではこれまで、目標としている大切な試合に向けて実力を高めたり、実力を発揮したりするための心理技法について、目標設定やリラクセーション、イメージトレーニングの具体的な指導事例を紹介してきました。さらに本番で力を発揮するためにチームワークを高めることの重要性についても触れました。そしていよいよ本番が近づいてきたら、試合に向けた心理的準備、すなわちメンタルリハーサルが有効です。

メンタルリハーサルとは、目標としている大切な試合の本番を心理的に先取りし、そのためのさまざまな準備をしっかりしておくことで、仮に不測の事態が起こっても、冷静かつ自分らしく対処できることを指します。本章では、オリンピックを目指して来談し、約半年間のメンタルトレーニングを経て出場を果たした、あるアスリートのメンタルリハーサルについて紹介します。

なお、私たち心理サポートの専門家（日本スポーツ心理学会認定スポーツメンタルトレーニング指導士）には守秘義務がありますので、個人情報の詳細や相談の内容については、本質をゆがめない範囲で改変して示していることを予めお断りしておきます。

事例の紹介
半年後に迫ったオリンピック代表選考会に向けて来談したマコトさん

1　来談の経緯と実施したメンタルトレーニングの内容

マコトさん（女性、仮名）は、ナショナルチームに所属するアスリートです。もともと身体能力が高く、小学校時代からいろんな種目で好成績を挙げてきましたが、高校からある格技種目を始めたところ、持ち前の負けず嫌いが功を奏してめきめき頭角を現し、国内トップクラスへと成長しました。大学卒業後は実業団に所属しつつ、強化指定選手（世界選手権の日本代表選手）として活躍が期待されるようになりました。強化合宿でも率先して練習に取り組み、所属チームに戻ってからもさらに追い込んでトレーニングを行っていたと言います。

しかし、期待された世界大会では実力を発揮することができず、格下の相手に初戦で敗退してしまいました。コーチによると、大会が近づくにつれ、練習には打ち込んでいるものの、試合練習では思い通りにいかないとイライラしたそぶりを見せたり、大会に向けた戦術の話になると不安そうな表情を浮かべたりすることがあったようです。その様子から、心理面の強化の必要性を感じたコーチの勧めで、筆者の勧めるスポーツカウンセリングルームに来談されました。

初回面談で、これまで実施してきた心理面の強化方法についてマコトさんに尋ねると、所属チームではさまざまなメンタルの「先生」を招聘しては、講演会を開催してきたとのことでした。今回もコーチは、半年後に迫ったオリンピック代表選考会に向けて、本番で強くなるメンタルを「注入」してもらってこい、と考えていたようでした。

このような講演会は何かのきっかけをつかんでメンタル強化に役立てられる可能性もありますが、その一方で、メンタルトレーニングは「トレーニング」である以上、系統的に実施し、かつ継続することで初めて身につくものです。筆者はこの考え方を伝えるため、マコトさんに「苦手な技を身につけて試合で使えるまでにどれぐらいの練習が必要ですか？」と尋ねました。すると、「そうですね、3ヵ月ぐらいでしょうか」と答えてくれたので、「これから新しいメンタルの技（スキル）を身につけるつもりで取り組んでみてはいかがでしょうか」と伝えました。このことで、マコトさんは、これまで実施してきたメンタルの「先生」による講演会形式のメンタル「注入」と、これから行うメンタルのトレーニングとの違いを理解してくれたようでした。

また、トレーニングである以上、個別性が高いので1対1の面談が望ましいこと、そして面談の時間ではインプット（新たな知識の入力や「注入」）だけでなく、アウトプット（出力、自分の体験を言葉で表現すること）も重要であることなどを伝えました。以上から、週1回50分の面談中、前半の20分を本連載で紹介してきた目標設定、リラクセーション、イメージトレーニングといった技法を順番に、系統的に学習するインプットの時間とし、その後の30分は、取り組みの振り返りなど自由にお話をしてもらうアウトプットの時間とすることにしました。

2　理想的な競技遂行状況の先取り

マコトさんは、急な遠征以外は予定していたスケジュール通りに来談し、テキストとして使用していた「メンタルトレーニングワークブック」（中込・土屋ら，1994）に自身の考えを記録しながら、メンタルトレーニングを通じて心理的スキルを系統的に学習していきました。セッション中、例えば目標設定などはそのやり方の解説（インプット）に留め、実際の作業は自宅での「宿題」になることが多かったのですが、次回には完成させたものを持参し、筆者に見せてくれながら、その内容をいきいきと語ってくれました（アウトプット）。

リラクセーションでは自律訓練法に取り組み、心身の疲労状態を客観的に把握したり、またそれをコントロールする「コツ」（受動的注意集中）をつかみ、その後のイメージトレーニングに役立てていきました。また、ピークパフォーマンス分析なども行い、予定通り3ヵ月ほどでテキストの心理的スキルの学習を終え、残りの3ヵ月を使ってオリンピック代表選手の選考会を迎えるための心理的準備をすることになりました。

選考会は、国内選手によるトーナメント方式で実施される全日本選手権大会が代表選考を兼ねていました。海外大会でのポイントも加味されるため、代表（1枠）に選出される可能性のある選手は、実質的にマコトさんを含め、3名の三つ巴の様相でした。マコトさんによる現状分析では、ポイントはほぼ同じながら、先の世界大会でのふがいない負け方をしたことが大きなマイナス要素であるため、客観的には2番手ないし3番手であるとの認識でした。そのため、不安や焦りもあるようで、面談では世界大会での敗戦を嘆いたり、次も同じように負けたらどうしようといったネガティブな発言が増えていきました。

しかし男子選手と同等に戦えているなど、技術的にも体力的にも実力がアップしている様子もうかがえたので、筆者としてはネガティブな発言を否定することなく、そのまま受け止めて聴いていました。するとだんだんと自己理解が進み、他の2選手にはない技のキレと闘志（執念、負けず嫌い）が自身の持ち味であること、先の世界大会での敗戦は、闘志が表に出すぎたため、身体に力みが生じて技のキレを失ってしまったことにあると気づかれました。

したがって、この大会では、内に秘めた闘志をいかに技のキレに活かせるかが課題であり、そのためには身体は無駄な力が抜け、心は「冷静に燃えている」ような心身の状況を作り出すことが理想だと語ってくれました。また、この大会で順当に勝ち上がればライバルの2選手とも対戦できるため、優勝すれば代表に選出される可能性の高いことを説明してくれました。

3　メンタルリハーサルの具体的内容

選考会での理想的な競技遂行状況を「冷静に燃える」と定め、残りの3ヵ月はそのための心理的コンディショニング、すなわちメンタルリハーサルに充てました。メンタルリハーサルでは、大会当日の心身の予行練習を、まるで映画やドラマのリハーサルのように実施します。具体的には、ドラマの脚本を作るように、当日のウォーミングアップから、序盤戦（1～2回戦）の戦い方、そこから一人目のライバルと対戦する準決勝までの戦い方、そしてもう一人のライバルとの決勝戦の戦い方についてポイントを書き出し、イメージを用いて予行練習をしておきました。ドラマになぞらえれば、マコトさん自身が主演女優でもあり、ドラマの監督でもあり、そして脚本家でもあるといった状況です。対戦相手を具体的に想定したうえで試合展開や勝負所での自身の動きをシナリオ化し、筆者が試合時間をストップウォッチで計りながら、イメージの中で1つ1つのプレーを確認していきました。

毎回のセッションでは大会当日を想定し、対戦相手の変更や審判の不利な判定、劣勢状況からの逆転など、不測の事態へも対処できるように、さまざまなイメージストーリーを作っては、毎回勝ち抜いていくメンタルリハーサルを行いました。イメージの中で対戦がすべて終わると閉会式、ミックスゾーンでのインタビューを経て、自身の頑張りに慰労の言葉をかけて終了する、といったメンタルリハーサルを繰り返していきました。選考会を勝ち抜く脚本はどんどん増えていき、全部で10通り以上になりました。

理論解説

1　心技体の関係性

　スポーツは心技体が重要だと言われます。体力や技術だけでなく、こころ、すなわち心理状況や精神力がパフォーマンスに影響するという考え方です。心技体はもともと道上伯先生という柔道家がフランスに赴いた際に、柔道の本質である「精力善用・自他共栄」の考えを「心技体の錬成により人格形成を目指す」と説明したことによると言われています。つまり、柔道を始め日本の武道には、単に技術や体力を競い合うだけでなく、心が重要であるという考え方があり、それが種目を超えて広がっているようです。

　筆者はこれまでメンタルトレーニング指導を通じて、様々な種目のアスリートやコーチが、この心技体について語ってくれるのを興味深く聴いてきました。例えばナショナルチームでご一緒したあるトレーニングコーチは、「心技体」について本来は「体技心」の順番であるべきだというのが持論でした。身体を鍛錬し、技術を向上させることによってこそ、心が充実するのだと語ってくれました。とはいえ、ご自身は心理学にとても興味を持っていて、合宿中は選手以上に面談に来られ、心理面の重要性を語っていらっしゃいました。これらさまざまな考え方を取り入れ咀嚼（そしゃく）しながら、筆者は現在図9-1に示すような「心技体」の関係性を考えています。

まず、図9-1の左のように、心技体が相互に関連し合っているということについて、読者も異論はないと思われます。その関連の仕方について、スポーツで競い合う以上、体力と技術は絶対条件であると考えられます。例えば、筆者は地元開催の国体チームのように、絶対に勝たなければならない試合では、質・量ともに豊富な練習をもとに、体力と技術で他を圧倒することを推奨しています。心理面のコーチングを担当するスポーツメンタルトレーニング指導士がそのような考えで良いのかと叱られそうですが、ベースとしての体力とそれに支えられた技術はいわば実力のようなものですから、これら2つは欠かすことのできない要素です。この点でストレングスコーチの持論である「体技心」の考えにも共感できます。

では心理面は、この実力にどのように関わるのでしょうか。この点について、筆者は2つの異なる関係性（矢印）を想定しています（図9-1の右参照）。

1つ目の矢印（メンタル①）は「実力養成」に関わる心です。具体的には日々の身体的・技術的な練習に、いかに心理面を活用するかということです。同じトレーニングをしていても、試合を想定したオーセンティックな（Authentic：本物の）練習ができているかどうか、またアスリート自身が主体的に取り組んでいるかどうかによって、トレーニングの成果が異なります。日々の練習に目標を定め、振り返りながら実施するという自己調整学習（Self regulated learning）は、実力養成に役立つと考えられています。

マコトさんは世界大会での悔しい敗戦もあり、この期間、目標を意識して集中的に練習を行ったことで、男子選手と対等に戦えるほど実力そのものがアップしたようです。また、筆者とのセッションでも、できるだけマコトさんの主体性を大切にしたいと考え、インプットだけでなくアウトプットの時間を多く設定し、いきいきと語ってもらうようにしていました。これらの心理的アプローチが実力養成に役立つと考えたからでした。

もう1つの矢印（メンタル②）は「実力発揮」に関わる心です。質の高い練習により築かれた実力を本番でいかに発揮するかは、心の持ちよう、すなわち心理状態と深く関係します。例えば、不安感情が高まり消極的な気持ちでいると、好機に思い切ったプレーができないといったことがあります。勝負に不安

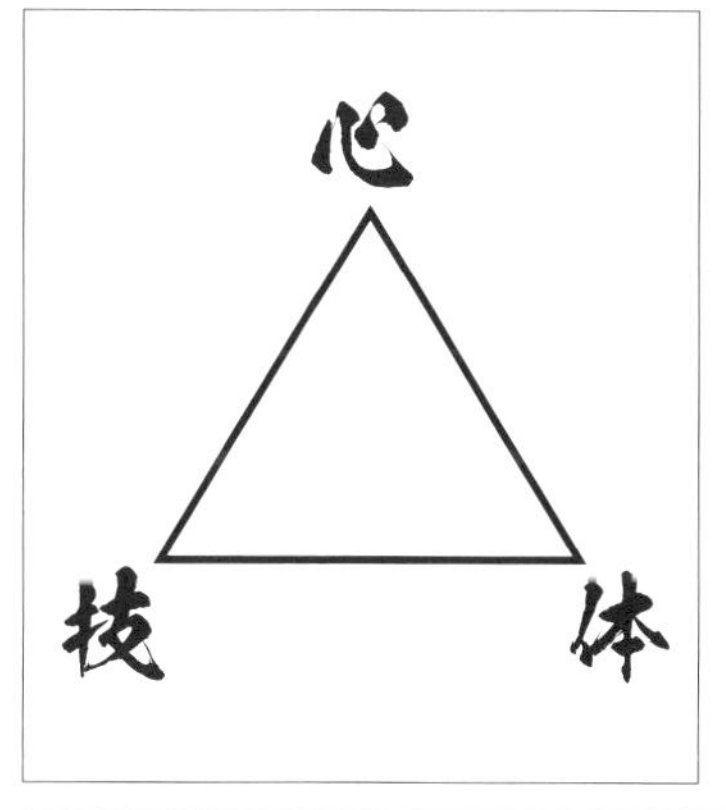

図9-1　心技体の関係性

は付き物ですが、不安はつかみどころがない点が厄介です。恐れや恐怖は対象がありますが、不安には対象がなく漠然としているからです。

そこでマコトさんとのセッションでは、不安の種を思いつくますべて書き出していき、それを1つ1つの課題としてメンタルリハーサルの脚本の中に組み込んで、イメージの中で対処を試みるようにしていきました。そのことで不安のエネルギーをゾーンやフロー体験に導く原動力にしようと考えていました。

2 ピーキングの基礎知識

ところで、マコトさんの事例では、これまで試合が近づくと「頑張らねば」という気持ちから練習量が増え、そのため疲労が抜けずにイライラしたり、自分の考えがまとまらなかったりしたこともあるようでした。先の世界大会ではそれが実力を出せなかった大きな要因になったように考えられます。大切な大会に向けた心身のコンディショニングでは、適切な休養（睡眠や栄養）が伴うトレーニングが重要になることは言うまでもありません。

図9-2は、トレーニングと休養がパフォーマンスに及ぼす影響を模式化して示したものです。適切な休養が伴うトレーニングであればトレーニング効果が発揮されて実力が向上していきますが、休養が十分でない場合には図の下降線のように、パフォーマンスは停滞し、その状況が長期になればオーバートレーニング症候群の徴候を示すようになります。

公認資格を持つトレーニング指導者であれば、このことはピーキングの基礎知識だと考えられますが、例えばマコトさんのように実業団に所属しながらナショナルチームの強化合宿などにも参加している場合、そのトレーニングと休養の管理は簡単ではありません。

したがってピーキングを成功させるために、私たちが注意して見ておきたいのは気分の変化です。図中、適切な休息を伴うピーキングにおいても、トレーニングによる追い込みにより身体機能は低下し、ベースラインを割り込みます。このときの徴候として、「怒り・敵意」「混乱・当惑」「抑うつ・落ち込み」「疲労・無気力」「緊張・不安」といったネガティブな気分が生じやすくなります。もちろん

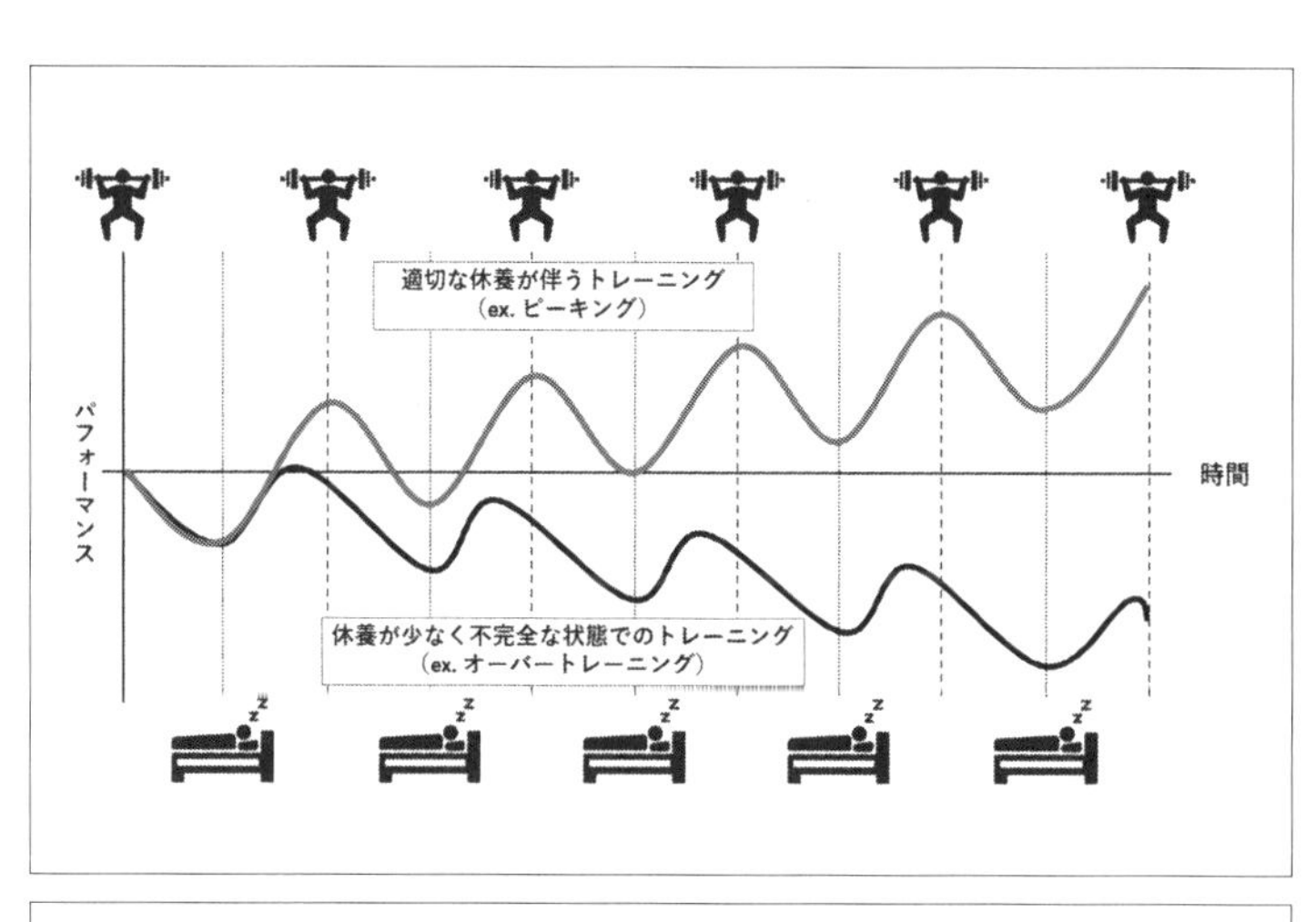

図9-2　ピーキングの基礎知識（土屋, 2021）

適切な休息、特にテーパーと呼ばれる練習量の減少・調整により、これらの気分は消失し、反対に「活気・活力」「友好」といったポジティブな気分が増加してきます。

したがって、指導の現場では、この気分の変化をモニタリングし、練習量を増加させる追い込み期と、減少させるテーパー期をうまく管理することが重要です。例えば、前記の気分を客観的に測定できるPOMS-2（Profile of Mood States）日本語版（金子書房）のような調査用紙をモニタリングに活用することも有効と思われます。

事例のその後

理論解説で述べたように、オリンピックを目指すマコトさんとのメンタルトレーニングでは、最初の3ヵ月間は心理的スキルを学習しながら、主に実力養成のために目標設定をしたり、練習の振り返りなどを行ったりしていました。そして、後半の3ヵ月では、主に選考会での実力発揮を目指してメンタルリハーサルを行っていました。いずれも心技体を整える作業でしたが、前半が実力養成のためのメンタルトレーニング、後半が実力発揮のためのメンタルトレーニングであったことが理解できると思います。

前半の3ヵ月はマコトさんにとって、自身の心と向き合う時間になりました。これまでマコトさんはメンタルの「先生」の講話を聴き、その考えを「注入」してもらう、いわばインプットが中心の取り組みでしたが、カウンセラーである筆者との間ではむしろ自身の心の状況に向き合い、それをアウトプットすることが中心となりました。特にこの時期は、選考会に向けて追い込み期にあり、心身ともに疲労が蓄積していました。そのため、ついついネガティブな気分に苛まれ、世界大会での敗戦を嘆いたりする発言も見られましたが、筆者はそれもマコトさんなりのストレス対処のための自己表現（アウトプット）として受け止めていました。

その結果、マコトさんは安心して自身と向き合うことができ、次第に他のライバルにはない自身の強みと、選考会でのあるべき理想的な競技遂行状態を見出していきました。不安で心が一杯になっているときは、誰かにその不安の一端を担ってほしいものです。批判されることなく、耳を傾けて聴いてもらうだけで、心が軽くなり、不安を客観視したり、別の角度から眺めたり、不安の背景を探ったりすることが可能になるのかもしれません。

また、先の世界大会では、大会の直前まで強度の高い練習を続けたために、休養が不十分で心身の疲労が抜けず、試合に向けた心身のコンディショニングが十分でなかったと考えられました。マコトさんからすれば、試合で実力が発揮できるのか不安でしたから、ついつい直前まで追い込んでしまったのでしょう。したがって、後半の3ヵ月は、その不安にマコトさん自身が適切に向き合えるよう、メンタルリハーサルを行いました。予め理想的な競技遂行状況を定め、それを導くシナリオを作成して、イメージの中で鮮明に、ありありと体験してもらいました。

　シナリオは全部で10通りを超え、今まさにここで戦っているかのような内的イメージを展開したり、大会会場でにこやかにインタビューに答え、周囲への感謝の気持ちを伝えている自分をテレビのモニター越しに見ているような外的イメージを思い浮かべたりしていきました。メンタルリハーサル終了後は、イメージ体験の振り返りをしながら、勝負のポイントを整理していきました。これらを続けていくうちに、「頑張ればきっとできる」「試合が楽しみ」といった発言が増えていきました。自信が増したことで、不安に駆られて無理な追い込みをすることがなかったのも重要なポイントとなりました。

　選考会の当日は、集中力高くプレーし、危なげなく淡々と勝ち上がっていきました。準決勝では、ライバルとの激しい戦いになり、アクシデントで負傷する場面がありましたが、むしろそこから一段と集中力が増したかのような試合運びで勝利を収めました。決勝は、もう一人のライバルを相手に、彼女の代名詞でもあるキレのある技に加え、パワーとスピードの身体能力でも圧倒し、見事優勝を勝ち取りました。全体を通して、終始自信に満ちた戦いぶりで、「冷静に燃える」試合運びができたようです。報道には「女王」のような形容も見られ、この戦いぶりが評価されて念願のオリンピック代表に選出されました。

　大会終了後の面談では、まるでドラマを演じているかのような1日だったこと、メンタルリハーサルのおかげで、ただ自分のスタイルを貫くだけだったと語ってくれました。筆者が、実際の大会はアクシデントで負傷したり、決勝でのライバルとの一戦が意外にも圧勝だったりして想定外だったのではないかと尋ねると、「確かにそうですね……、でもそれも含めて私の中ではリハーサル通りでした」と教えてくれました。メンタルリハーサルのセッションで作ったシナリオは10通りぐらいでしたが、彼女は毎日、そのシナリオをもとにさまざまな状況下でイメージ体験を積み重ねており、さらに1つ1つを練習で試してきたからこそ、どんな状況でも対応できる心身のコンディショニングができていたのだと感じました。

まとめ

本章では「心技体」について触れましたが、相撲では古くから「心気体」という言葉があり、昭和の時代に活躍した双葉山が好んで使っていたようです。心と身体の間に「気」を想定し、心を磨くことで気力が充実し身体に伝わるという考えは、69連勝をなし得た大横綱の業績に照らして説得力を感じさせます。また本章で紹介したマコトさんが、メンタルリハーサルを重ねることで、心の思い通りに身体が動いたことを考えると、この「心気体」にも深い考察が成り立ちそうです。

メンタルトレーニングとは、言い換えれば自身の心技体の関係について研究し、自分らしく整えるための方法を見つけ出す作業なのかもしれません。

本章では特に、メンタルリハーサルを中心に心理面の取り組みを紹介しましたが、理論解説でも触れたように適切な休養を伴うトレーニングがしっかりできていないと、心理面のコンディショニングもうまくいきません。心の持ち方はパフォーマンスに影響しますが、その心の健全性も規則正しい生活や適切な休養を伴うトレーニングによって成り立っていることを忘れないようにしたいものです。

図9－1で示した実力養成（メンタル①）と実力発揮（メンタル②）に役立つ心の持ち方について、引き続き読者の皆さんと考えていきたいと思います。

理解を深めるためのチェックポイント

1 本章で紹介したマコトさんの相談に対して、あなたならどのように対応するか、またなぜそのように対応するのか、考えてみましょう。

2 あなたは「心技体」の関係をどのように捉えていますか。図9-1を参考に、あなたが考える心技体の関係を図示してみましょう。その上で、実力発揮だけでなく、実力養成に役立つ心の使い方について、具体的に考えてみましょう。

3 近い将来、あなたの人生にとって重要と思われる出来事（大切な試合や試験、採用面接など）を想定し、そこであなたらしく、より良いパフォーマンスを発揮するためのシナリオを作成してみましょう。そのシナリオに沿ってイメージを用いたメンタルリハーサルを実際に行ってみて、今後どのような準備をする必要があるか、考えてみましょう。

第10章 ストレスマネジメントと心の成長

前章では、オリンピック出場を目指すマコトさん（仮名）が、大切な選考会で理想的なプレーをするために、メンタルリハーサルをしていく様子を報告しました。メンタルリハーサルのイメージストーリーは10を超え、当日の想定外の事態にも彼女らしく対処していくことができました。その過程では、実力未発揮に対する不安への対処など、ストレスをうまくマネジメントすることが重要であり、心理的安全性が確保されたカウンセラーとの間で、自身の内面に向き合ったことが役立ったようです。心の持ち方はパフォーマンスに影響しますが、その心の健全性は規則正しい生活や適切な休養を伴うトレーニングによって成り立っていることも確認しました。アスリートにとって、日々のストレスをうまくマネジメントすることは、メンタルトレーニングの重要な目的の1つです。

本書では、メンタルトレーニングの具体的な方法を伝えるために、目標設定やリラクセーション、イメージトレーニング、メンタルリハーサルなどの方法について、アスリートの取り組み事例を紹介しながら解説してきました。それぞれの心理技法に焦点を当てて紹介しているため、アスリートとの関わりの一部分を紹介しているにすぎません。

実際のメンタルトレーニングでは、相談に来てくれたアスリートやチームの悩み（主訴）により、それらの心理技法を組み合わせたりしながら、それぞれ独自のメンタルトレーニングプログラムが提供されることになります。競技をしている以上悩みはつきものです。メンタルサポートでは、心理技法の学習を通じて、その日々のストレスにうまく対処することで競技環境を最適化し、より自分らしく取り組んでいくことを心理面から支援している、といった見方ができます。

そこで本章では、「寒稽古」というストレスに直面した格技系運動部に所属する新入部員たちが、さまざまな心理技法の学習を通じて、そのストレスを乗り越えていく様子を紹介します。なお、私たち心理サポートの専門家（日本スポーツ心理学会認定スポーツメンタルトレーニング指導士）には守秘義務がありますので、個人情報の詳細や相談の内容については、本質をゆがめない範囲で改変して示していることを予めお断りしておきます。

事例の紹介
「寒稽古」に戸惑う新入部員を心配したムサシさん

ムサシさん（男性、21歳）は、全日本学生選手権大会を何度も制した実績のある強豪大学でキャプテンを務める格技種目のアスリートです。ある年の10月、「新入部員のことで……」とスポーツメンタルトレーニング指導士である筆者を訪ねて相談に来てくれました。

ムサシさんによると、新入部員たちが2ヵ月後に予定されている「寒稽古」に向けて大きな戸惑いを感じているようで心配であるとのことでした。この寒稽古は、早朝の厳寒環境下で、質・量ともに厳しいトレーニングが連日繰り返されるもので、参加する部員たちには技術的・体力的・心理的にアスリートとして大きく成長することが期待されている、この部の伝統行事だといいます。特に、その年に入学した部員たちの中には将来性のある有望な選手が多かったことから、卒業生（ＯＢやＯＧ）たちの期待も大きく、寒稽古の機会に新入部員たちを鍛えてやろう、といった思いも新入部員たちに伝わっていたようです。

しかし新入部員たちにとって、大学での寒稽古は初めての経験であり、成長の機会であると同時に、やり遂げなければならないという心理的なプレッシャーに押し潰されそうになっている者もいるとのことでした。実際、卒業生に鍛えられることの不安から、新入部員の中には本来のなりたい自分を見失い、キャプテンであるムサシさんに退部の相談を申し出ている者もいるとのことでした。

そこで筆者はムサシさんと共同で、新入部員たちが寒稽古というストレスをうまく乗り切れるようメンタルサポートを実施することにしました。具体的には、新入部員たちが必要とする心理的技法を学習できるような、独自の心理教育プログラムを開発し、それを彼らに提供することで、新入部員自身が自律的・主体的に寒稽古に向かい合い、それぞれの方法でやり遂げてもらえるよう支援することにしました。

1　心理アセスメントの実施

プログラムの開発に先立って、新入部員たちが必要とする心理的技法がどのようなものかを明らかにするために、心理アセスメントを実施しました。具体的には、日々の練習やトレーニングに対してどのような心構えで臨んでいるかについて、1年生から4年生まで、全部員に対して自由記述方式の質問紙調査を行い、学年ごとに記載内容を分析しました。その結果、新入部員たちの記載内容は「何を求められているのかが分からない」「不安が先立って課題に取り組めない」「やり遂げられる自信がない」「目標もなくただ耐えているだけ」「強気になれない」「相談する相手がいない」のように、総じてあいまいで、消極的な記述が多いのが特徴でした。

一方、上級生たちは「毎日の稽古で気づきがある」「自分の問題点を明確にして取り組んでいる」「やり切れると信じて取り組む」「長期目標と短期目標を決めている」「よし、やるぞというポジティブな気持ち」「同学年の絆」のように明確で積極的な記述が多く、新入部員たちとは対照的でした。

これらの比較から、新入部員たちに必要な心理的課題は①自己への気づきの向上、②問題への直面化、③自信の向上、④適切な目標の設定、⑤積極的思考、⑥同学年のチームワーク向上であり、それらを達成できるような心理技法の学習が有効であると考えられました。

2　ストレスマネジメントプログラムの作成

前述の心理アセスメント結果に基づき、表10－1に示すようなストレスマネジメントのための心理教育プログラムを開発しました。

まず、①自己への気づきのセッションでは、自己理解のための心理技法として活用されているライフライン（人生年表）を作成し、これまでの競技人生の振り返りとこれから歩むべき方向性について、自己理解を深めてもらいました。

②問題への直面化のセッションでは、架空の新入部員、Xさんの悩みが書かれた日誌が提示され、アルバート・エリス教授の論理療法の枠組みに則り、Xさんへのアドバイ

表10-1　格技系新入部員用ストレスマネジメント心理教育プログラム

実施日	セッション名	エクササイズ	ねらい
#1 11.19	自己への気づき	ライフライン	これまでの競技人生の振り返りと、これから歩むべき道の探究
	自由討論での主な話題: 部活動の継続の意義について、本音の意見交換について		
#2 11.20	問題への直面化	Xさんの悩み	良いことも悪いことも考え次第、論理療法の基礎概念の理解
	自由討論での主な話題: 推薦入試組と一般入試組の心理的な隔たりについて		
#3 11.21	自信の向上	メッセージカード	ジョハリの窓にしたがい、これまで気づかなかった自己の長所を発見する
	自由討論での主な話題: 春合宿について、試合での実力発揮について		
#4 11.22	目標の設定	中核テーマの抽出	クラスタリング(自由連想)と今日からできる具体的な取り組みの模索
	自由討論での主な話題: 稽古への取り組み方、アドバイスをどう活かしていくか		
#5 11.23	積極的思考	ストレスマネジメント	ストレス対処資源(サポート)の明確化と認知の再構成(積極的思考)
	自由討論での主な話題: チームワークについて、寒稽古について		
#6 11.24	チームワークの向上	これからの私	目標の宣言と、仲間へのメッセージ
	自由討論での主な話題: 全セッションの振り返り、他に言い足りなかったこと		

スを考える時間を設け、自分の考え方次第で結果が変わることを学習しました。
③自信の向上のセッションでは、新入部員同士でメッセージカードを交換し、自分の長所を自身はどう捉えているのか、そして他者は自分の長所をどう評価してくれているのか、について「ジョハリの窓」の考え方から検討してもらいました。
④目標の設定では、まず新入部員が4月に乗り越えた春合宿について振り返った後に、クラスタリングの手法を用いて今日からできる目標を考えてもらいました。
⑤積極的思考のセッションでは、ストレスマネジメントの基本的な考え方、すなわちストレッサー（寒稽古）がストレス反応（憂うつ）を引き起こしているのではなく、ストレッサーへの捉え方（認知）や取り組み方（対処）によって結果が変わることを学習しました。特に積極的な思考によって結果もポジティブなものになることを確認しました。
最後に、⑥チームワークのセッションでは、「これからの私」のタイトルで目標を肯定的に自己宣言し（アファメーション）、同時に仲間へのメッセージ（エール）を送り、相互のチームワークを確認してから、全体のセッションを終えました。

理論解説

1　ストレスとは何か

本章では、ムサシさんと一緒に開発した格技系新入部員用のストレスマネジメントプログラムを紹介しました。このプログラムは、新入部員たちの心理的な課題に対応した独自性の高いユニークなものですが、プログラム全体を通じて見ると、ストレスマネジメントの基本的な考え方に則して作られています。

その考え方の基本は、ストレスを引き起こす可能性のある出来事（ストレッサー）と、その結果として心身に生じるストレス反応を区別している点にあります。当初、新入部員たちは、寒稽古がもうすぐ行われる、だから憂うつな気分やヘトヘトな気分になっていて、練習に積極的に取り組めていないと感じているようでした。しかし、ストレスマネジメントの考えでは、出来事と結果の間には認知と情動のブラックボックスがあり、そこをうまく制御（マネジメント）することができれば、たとえ出来事は変わらなくても、結果は自分で変えることができると想定しています（図10－1参照）。

例えば、同じ寒稽古という出来事（ストレッサー）に直面した場合、「自分には体力がない、やり切れる自信がない」と受け止めるか、あるいは「体力をつける機会なので挑戦する気持ちでやろう」と認知するかによって、出来事の捉え方や意味合いが変わってきます。もし寒稽古に対して、「自分には体力がない、やり切れる自信がない」のような消極的な捉え方をすると、心臓がドキドキしたり表情がこわばったりするような心身の反応が生じ、その結果憂うつな気分やヘトヘトな気分に苛まれることになります（図10－1の例1参照）。

一方、同じ寒稽古でも、「体力をつける機会なので挑戦する気持ち」のように受け止めることができれば、より積極的な対処が生まれ、結果的としてはつらつとした気分で向き合うことができるでしょう（例2参照）。

2　心理教育プログラムの展開方法

筆者はムサシさんとストレスマネジメントの基本的な考え方を確認した上で、

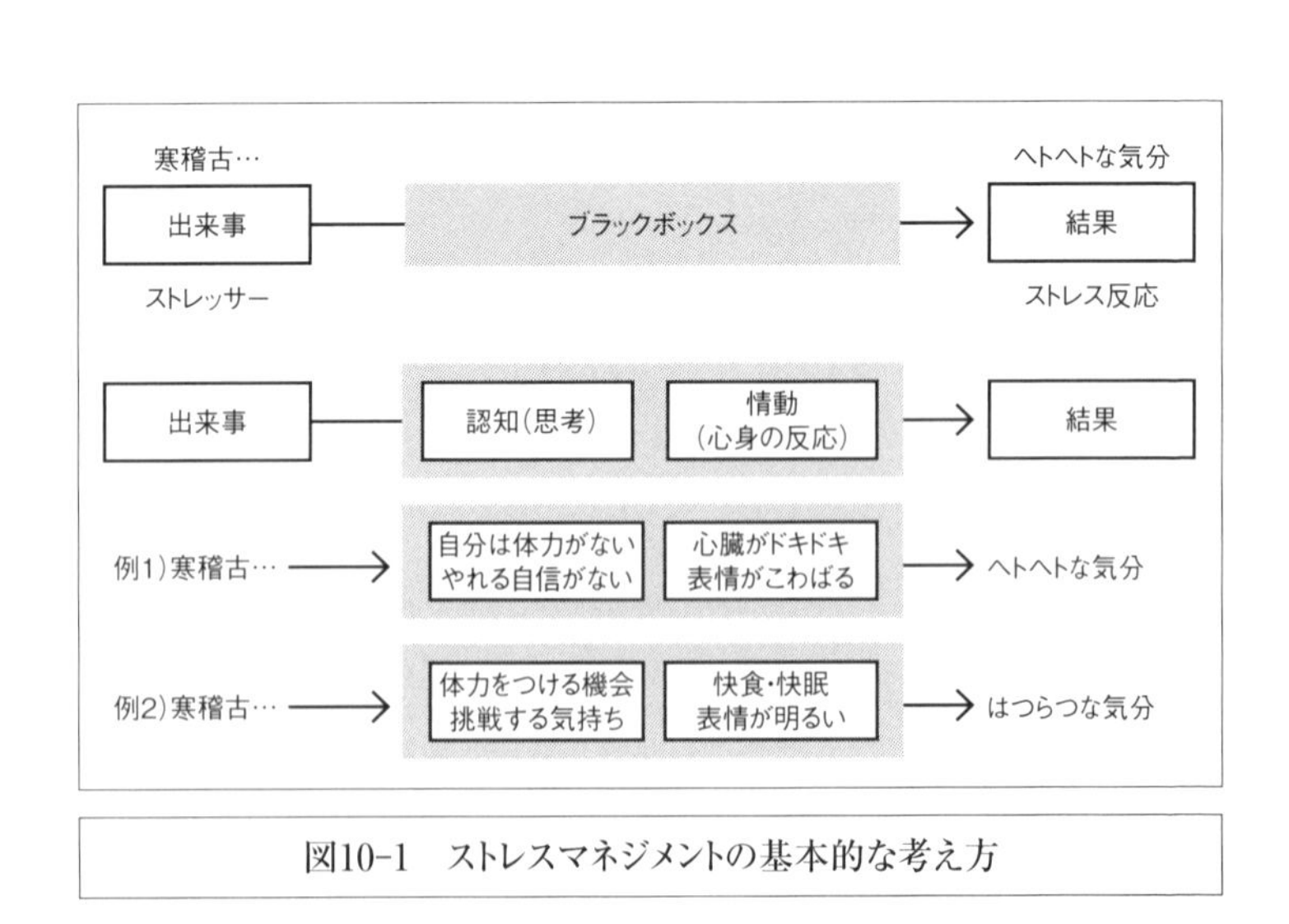

図10-1　ストレスマネジメントの基本的な考え方

これらを体験的に理解できるようなプログラム展開を考えました。そこでは、新入部員たちが、より主体的で対話的で深い学びができることが重要であり、取り上げる話題はより彼らの体験に寄り添ったものである必要がありました。ややもすると、スポーツ現場で実施されている心理教育プログラムはどこかからの借り物のようなものが多く、アスリートが見るとそれらのプログラムは自分の課題とあまり関連していないように感じられることもあるようです。例えば、民間や企業などで行われているチームビルディングのアクティビティよりは、アスリートの抱える悩みやストレスに直接関係する内容を扱う方が効果的です。

そのため本プログラムでは、例えば②問題への直面化のセッションにおいて、Xさんという架空の新入部員の悩みが書かれた日誌が提示されました。そこには、大学入学後、高校時代との競技環境の違いに戸惑い、寒稽古に向けて意気消沈しているXさんの悩みが綴られていました。新入部員たちはXさんの悩みを解決するために、「もっと自分の問題に向き合った方がよい」とか「真剣に考えるのはよいが深刻に考えるのはダメ」「考え方次第で結果は変わる」のようにアドバイスを書き込んでくれていました。

その後の議論を通じて、実はそれらのアドバイスこそ、自分たち自身がストレッサーに前向きに向き合うためのヒントであることに気づいてくれました。自分自身の課題に直接向き合うのはなかなか容易ではありませんが、Xさんという架空の選手に対してなら、より客観的かつ合理的なアドバイスができるという利点を活かした展開でした。新入部員たちは、口々により良い対処法について意見を出し合っていました。

なお、セッション終了後には、この架空のXさんが実はキャプテンであるムサシさんのことであり、新入部員たちがいろいろとアドバイスをしてくれた日誌は、実はキャプテンの1年生の頃のものだという「種明かし」を行いました。新入部員たちはその事実に一様に驚き、どよめきました。自分たちの憧れで遠い存在に思えたキャプテンも、1年生の頃には同じような悩みを抱えていたこと、そしてそれを乗り越えながら成長したことを体験的に理解できたようでした。

3 ストレスマネジメントとこころの成長

このように見てくると、ストレスにはネガティブな側面だけでなく、それを乗り越えることで成長するといったポジティブな側面もあることに気づかされます。1つの見方として、ストレス対処の方法が豊かになり、より自分らしく乗り越えるための心理的スキルが身につくといった側面があるでしょう。そのような心理的スキルは、生きる力（ライフスキル）とも呼ばれ、世界保健機関（World Health Organization：WHO）は「意思決定」「問題解決」「創造的思考」「批判的思考」「効果的コミュニケーション」「対人関係スキル」など10の内容を示しています。アスリートは、非アスリートに比較してこれらのライフスキルが高いことが知られており、競技生活で直面する様々なストレスへの対処経験が、これらのスキル獲得に結び付いているのではないかと考えられています。

ストレスとこころの成長については、もう1つの見方として、発達課題との関連からも考察が可能です。発達課題とは、エリク・エリクソン博士が提唱する概念で、人生を乳児期から幼児期、学童期、青年期、成人期など大きく8つに区分したとき、それぞれに心理社会的な発達上の課題（危機）があるとする精神分析的な理論です。本章で紹介した大学生であれば、「自分らしさとは何か？」「自分は何をしたいのか？」「自分は何者として生きていくべきか？」といった悩み（危機）に直面すると想定され、そこでの発達課題をアイデンティティ（自我同一性）と想定しました。

本章で紹介した新入部員たちのストレス対処の試みは、まさにアイデンティティ獲得への挑戦とも見て取れることから、この心理教育プログラムはライフスキルの獲得という見方の他に、心理社会的な発達課題への取り組みを支援することで、こころの成長を促そうとするプログラムであるという見方もできるかもしれません。

事例のその後

ストレスマネジメントプログラムを体験した新入部員たちは、自身の考え方や取り組み方次第で結果は変わることを信じ、不安を抱えながらも寒稽古を迎えました。キャプテンであるムサシさんからは、新入部員たちが自主練をするなど、より自律的かつ主体的に取り組んでおり、また退部を検討していた新入部員も、より前向きな気持ちで取り組むようになったと報告してくれました。

寒稽古には、例年になく多くの卒業生（ＯＢやＯＧ）たちが参加し、質・量ともに負荷の高い稽古やトレーニングが実施されたようです。その中で、新入部員たちは同級生間の絆を深め、寒稽古をやり遂げてくれました。本章で紹介したストレスマネジメントプログラムは、ライフラインの作成といったエクササイズを実施した後に、自由な討論を行っていますが、これは本書の第8章で紹介した「チームビルディング」の手法に準拠したものです。つまり、エクササイズを通じてストレスマネジメントに役立つ心理技法を体験的に学びながら、それを誘発剤としてチームの集団機能を高めようとしたものでした。寒稽古をやり遂げただけでなく、その体験を通じて、同級生間の絆がいっそう深まり、この年代がその後チームの核となり、大学選手権優勝などの活躍をしてくれました。

なお、このプログラムについては、心理学的な研究手法により効果検証がされていますので、興味のある方は奥村・土屋・他（2001）の報告を参照してください。

まとめ

体力向上のための効果的なトレーニングでは、適切な負荷を設定することが欠かせません。負荷が十分でないとトレーニング効果が得られませんが、一方で負荷が高すぎるとけがにつながる危険性があります。同様に、心理的スキルの向上やこころの成長のためのトレーニングでも、適切な負荷を設定することが重要です。体力トレーニングと同様に、心理面への負荷が高すぎると、こころに傷を負うこともあるでしょう。アスリートの自律性や主体性を重んじるプレーヤーズ・センタードなコーチングにおいては、アスリートの意思に反して強制的に負荷の高いトレーニングを課すことは、体罰やハラスメントにもなりうることから、厳に慎まなければなりません。

とりわけ心理面の負荷は本人の受け止め方によって個人差も大きく、かつ目に見えませんので、心理的プレッシャーを強く感じているアスリートが身近にいないか、コーチやトレーナーは本章で紹介したムサシさんのように、日頃から注意深く観察しておく必要があると思われます。同時に競技を続けていく以上、さまざまなストレスに直面せざるを得ないので、競技環境を最適化する努力と同時に、ストレスマネジメント教育を通じてアスリートのこころの成長を支援していく必要があると考えられます。

理解を深めるためのチェックポイント

1

本章で紹介したムサシさんの相談に対して、あなたならどのように対応するか、またなぜそのように対応するのか、考えてみましょう。

2

あなたが最近感じたストレスはどのようなことだったでしょうか。図10-1に示したストレスマネジメントの基本的な考え方にならい、きっかけとなった出来事（ストレッサー）、それに伴うあなたの認知（思考）、情動（心身の反応）、結果（ストレス反応）の4つに分けて整理してみましょう。そのうえで、どのような捉え方（認知・思考）をすることが、ストレスの悪影響を減らすことにつながるのかを考えてみましょう。

3

本章では、こころの成長の1つの見方として、ストレス対処法の豊かさに言及し、意思決定スキル、問題解決スキル、創造的思考スキル、批判的思考スキル、効果的なコミュニケーションスキル、対人関係スキルなど10のライフスキル（生きる力）の重要性を指摘しました。これらのライフスキルのうち、あなたが特に優れていると感じているものはどれでしょうか。また、それがどのようなストレス対処経験によって身についたと感じられるか、振り返って考えてみましょう。

第11章 ソーシャルサポートの活用 競技環境の最適化のために

前章では、強豪大学の格技系種目の新入生に対するストレスマネジメント教育の実践について報告しました。この取り組みは、寒稽古という武道の伝統的な鍛錬期を前に、才能がありながら委縮してしまっている新入生を心配した、キャプテンであるムサシさん（仮名）の相談から始まりました。ムサシさんと共同で開発したストレスマネジメントの心理教育プログラムを通じて、新入生たちは寒稽古に関わる心理的プレッシャーにうまく対処するスキルを身につけていきました。

この実践でも、アスリートの自律性や主体性を重んじるプレーヤーズ・センタードなコーチングの必要性が浮き彫りになっており、競技環境を最適化する必要があることが確認されました。とりわけ、心理的プレッシャーに押し潰されそうになっていた新入生たちにとって、キャプテンであるムサシさんからの理解や激励は、彼らの自律性や主体性を育てるものになっていました。

心理サポートは、私たちスポーツ心理学の専門家だけが行っているわけではありません。アスリートにとっては、彼らを取り巻くコーチやトレーナー、先輩やチームメイト、あるいは家族など、さまざまな関係者（アントラージュ）からの支援、すなわちソーシャルサポートが競技環境の最適化に大きく関わっていると考えられます。むしろ私たちのメンタルサポートでは、アスリート自身が周囲の重要な他者からのサポートをうまく活用して、自律的かつ主体的に問題を解決していくような関わりが求められていると言えます。

以上を背景として、本章では大学入学後チームになじめなかった新入部員に対して、ソーシャルサポートの積極的な活用を目指した心理サポート事例について、土屋（2020）をもとに紹介します。なお、私たち心理サポートの専門家（日本スポーツ心理学会認定スポーツメンタルトレーニング指導士）には守秘義務がありますので、個人情報の詳細や相談の内容については、本質をゆがめない範囲で改変して示していることを予めお断りしておきます。

事例の紹介
大学入学後チームになじめなかった新入部員アシトさん

1　チームになじめなかった新入生

アシトさん（18歳男性、仮名）と初めて会ったのは、入学直後の4月中旬でした。髪を短く刈っていて、まだまだ高校生のような容姿とお話に地方訛りが相まって、まさに新入部員といった印象でした。

彼はこの初回面接で、「体力トレーニング中心の練習ばかりで気持ちが焦る」と訴えていました。彼は高校卒業後、プロへ行きたいと思っていましたがインターハイでの成績が振るわなかったことからそれが叶いませんでした。そのため、大学でプロに行けるための実績を一刻も早く残したいという思いでいました。しかし、部員が１００名を超える大所帯の中で、さらに競技レベルも高校に比べて格段に高い中で、果たしてレギュラーになれるのかを不安に感じていました。そんな中、新入部員たちはランニングなど体力練習が中心で、グラウンドを使った技術練習もできず焦っていました。

しかし、そのような不安をコーチやチームメイトに相談することはなく、ソーシャルサポートはうまく活用できていないようでした。時折、実家の母親や高校時代のチームメイトに電話をして話を聞いてもらったりしているようですが、大学という新環境への適応に

苦戦しているようでした。同じ推薦入学者は、レギュラーを争うライバルでもあることから、当たり障りのない話しかしていないと言います。また、コーチに相談をするといった行動は「自分を売り込んでいるようで抵抗がある」とも語っていました。

約2ヵ月後の6月になると、アシトさんはすっかり意気消沈しており「全然レベルが違うと感じる。先輩たちの要求するプレーが全くできない」と辛そうな表情でした。練習試合中にミスが続いたため、チームの主力メンバーである一人の上級生（S先輩）から「お前なんか辞めてしまえ」と罵倒されたと言い、「自分の役割というか、プレースタイルが定まらない」と嘆いていました。

さらに悪いことに、慣れない練習で、利き足の足首を捻挫してしまったようですが、けがを隠して練習に参加し続けていました。その理由を聞くと、故障者として今いる上位のAチームを離れると、このままBチーム、Cチームと落ちていき、最後は見捨てられてしまうのではないかと考えているとのことでした。しかしトレーナーにも相談できておらず、問題解決型の対処行動が見出せないように感じられました。

2 ソーシャルサポートの活用

さらに2ヵ月後の8月になると、ますます競技環境は厳しいものになっていました。推薦入学者5名のうち、アシトさんだけが新人戦に出場できなかったとのことでした。「自分なりに努力したが、身体がついていかない」「精神的に参っている」と訴え、しばらく涙を流した後に「このままサッカーを続けていても……」と思い詰めた様子で語っていました。

筆者が「この問題を解決するためには誰のサポートが必要だろうか」と問いかけると、アシトさんは「自分に何が足りないのか、チームがどういうプレーを目指しているのかをコーチに聞きたい。自分はこのままでは終われない」と答えてくれました。入部当初は「自分を売り込んでいるようで抵抗がある」と語っていたアシトさんでしたが、新人戦に出場できないという危機（ピンチ）が彼にとっては大きな転機（チャンス）になったようです。

アシトさんの、自身の競技人生を賭けた問いかけに、大学院生でもあるコーチはしっかりと応えてくれました。自身が海外留学時に収集した試合のビデオなどをアシトさんに貸し与え、戦術についていろいろと解説を加えてくれました。同時に、ポジションをFWからボランチへ変えてはどうかとアドバイスをしてくれました。

アシトさんは同様にトレーナーにも相談に行くことにしました。スターティングメンバーのケアに忙しいトレーナーのところに、新人戦のメンバーからも外れてしまった自分が相談に行くのはかなり抵抗があったようです。しかし意を決して足首の捻挫を告白したところ、トレーナーは丁寧に診てくれて、「リハビリを進めながら上半身を強化してはどうか」とのアドバイスをしてくれたといいます。アシトさんは、ちょうどそこでトレーニングをしていたS先輩の鍛えられた上半身を見て衝撃を受けたと言います。その後は、S先輩を目標に、「当たり負けしない体づくり」をテーマとして、熱心にリハビリとトレーニングに取り組んでいきました。

3 転機の訪れ

10月になって、足首の捻挫も癒え、下部のDチームながら黙々と練習を続けるアシトさんに大きな転機が訪れます。海外のアンダーカテゴリーの代表チームが、調整練習のためにこの大学にやってきました。この代表チームとの練習試合では、相手チームの激しいプレーにボランチの選手が次々と負傷し、退場してしまいます。そこで件の大学院生コーチが監督に進言し、Dチームにいたアシトさんにこの試合への出場の機会が与えられました。

アシトさんはコーチとのビデオ研究の知識をもとに、チームのために自分がどのようなプレーをすべきかを考えていました。特にボランチとして、前線にいるFWのS先輩たちに、チャンスとなるパスをいかに精度よく供給するかに集中していたといいます。また、代表チームとの競り合いでは「当たり負けしない」ことを心掛け、特に1対1の競り合いで負けないよう意識したといいます。この試合での活躍が監督の目に留まり、アシトさんは念願のAチームに上がることができ、その後リーグ戦に出場する機会が与えられていきました。

理論解説

1　ソーシャルサポートの種類

ソーシャルサポートとは、ある人を取り巻く重要な他者から得られる、有形・無形の援助のことであり、アスリートの場合、コーチやトレーナー、先輩やチームメイトがその提供者として挙げられます。アスリートが自身の抱える課題を解決して成長していくためには、これらの他者と良好な関係を築き、必要なサポートをうまく活用しながら、競技環境を最適化することが求められます。

大学生アスリートを対象とした調査研究によると、ソーシャルサポートにはいくつか種類（タイプ）のあることが分かっています。大きく分けると、情緒的なサポートと道具的なサポートがあり、それぞれに直接的・間接的なものがあると考えられます。例えば、同じ情緒面に働きかけるソーシャルサポートでも、「性格を理解し、叱咤激励してくれる」のような理解・激励サポートはアスリートの情緒面に直接的に関わる内容ですが、「チームの一員として評価してくれる」のような尊重・評価サポートは間接的です。

同じように、道具的（物理的・実質的）なサポートでも、「問題解決に一緒に取り組んでくれる」のような直接援助サポートに比べ、「有効な情報を提供してくれる」のようなサポートは間接的なサポートと見ることができます。さらに大学生アスリートの場合は、娯楽活動を共有するといった、コンパニオンシップに関わる内容も、ストレス緩和に関わる重要なサポートとして見出されています。

これらのサポート内容ごとに、その提供者に違いがあることも知られており、表11－1にはそれらの内容ごとに提供者についてまとめています。これまでの研究から、アスリートがここに示したソーシャルサポートをうまく活用できれば、問題解決がなされることが確認されています。メンタルサポートでは、アシトさんの事例でも確認された通り、アスリート自身がより自律的・

表11-1　大学生アスリートのソーシャルサポートの内容と提供者（土屋,2012）

サポートタイプ	サポートの内容（具体的な行動）	サポートの提供者
情緒的サポート（直接的）	理解・激励サポート（性格を理解し、叱咤激励してくれる）	チームメイト、先輩、コーチ（友人、両親）
情緒的サポート（間接的）	尊重・評価サポート（チームの一員として評価してくれる）	チームメイト、先輩、コーチ
道具的サポート（直接的）	直接援助サポート（問題解決に一緒に取り組んでくれる）	コーチ、先輩、トレーナー（時に指導教官）
道具的サポート（間接的）	情報提供サポート（有効な情報を提供してくれる）	先輩、コーチ、チームメイト
コンパニオンシップ	娯楽関連サポート（共通の趣味や娯楽活動を共有する）	チームメイト、友人、先輩

主体的にソーシャルサポートを活用できるような関わりが求められています。言い換えれば、メンタルサポート担当者は、誰から得られる、どのようなサポートが問題解決に有効となるのかについてアスリートに問いかけ、ともに検討していくことが重要と思われます。

2　ネットワークマップ

アシトさんとの面談では、入部当初の4月から2ヵ月ごとに合計4回にわたって、ネットワークマップの調査をしていました。ネットワークマップとは、いわば対人関係地図のようなもので、「自分にとって意味ある人、重要な人」を白地図上に描いてもらうものです。

描き方は以下の通りです。まず、中心に自分がいると見立てた円を描きます。次にその円をネットワークの種類によって分割します。

大学生アスリートであれば、監督・コーチ・トレーナーのようなスタッフ、先輩たち、同級生、入学後に知り合った友人、入学以前の友人、家族のように、円をこれらのネットワークに応じて分割していきます。その際、スタッフに比べて同級生の領域に多くの重要な他者がいると感じた場合は、領域を広めにしておきます。最後に、それぞれの領域に、自分にとって意味ある人、重要な人、すなわちソーシャルサポートの潜在的な提供者たちをイニシャルで書き込んでいきます。心理的に身近に感じる他者は中心の近くに描くなど、心理的な距離に応じて、地図上に記載していきます。

図11－1は、アシトさんがそれぞれの時期に描いてくれたネットワークマップを模式化したものです。円を領域ごとに分割し、そこに意味ある、重要な他者が記載されています。

3　ネットワークマップの変化とこころの成長

図11－1を詳しく見ていきましょう。入学当初、「体力トレーニング中心の練習ばかりで気持ちが焦る」と訴えていた4月（調査1）のネットワークマップでは、元チームメイトなど入学以前の知人や家族などの記載があるものの、スタッフや先輩、入学後の知人など新環境の領域には、誰も記載がありません。かろうじて同じ推薦入学組の同級生5名が記載されてはいますが、いずれも等間隔でしかも中心から離れたところに同心円状に並んでおり、サポートがあまり機能しておらず、未分化であることが分かります。

2ヵ月後の6月（調査2）では、「先輩たちの要求するプレーが全くできない」と意気消沈していたアシトさんですが、同級生のMさんが中心近くに描かれています。この時期、

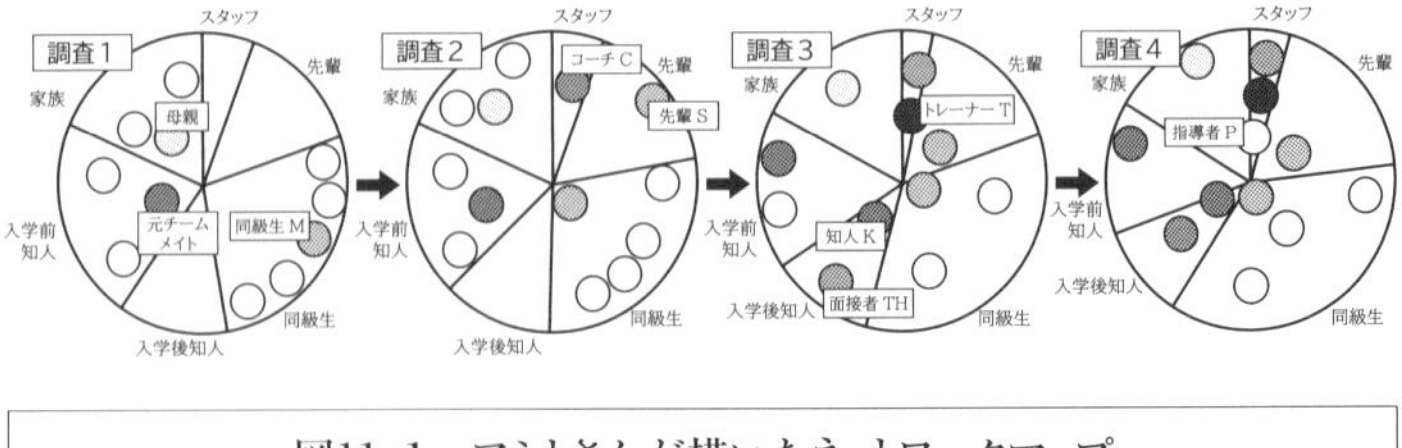

図11-1　アシトさんが描いたネットワークマップ

落ち込むアシトさんを、Mさんがたびたび励ましていたことが報告されていました。また興味深いことに、練習中アシトさんを罵倒したS先輩も重要な他者として描かれています。叱咤激励するS先輩も、アシトさんにとっては意味ある、重要な他者と位置づけられていることが確認できます。

新人戦のメンバーからも外されて「精神的に参っている」と涙した8月（調査3）のネットワークマップにはこれまでにない大きな変化が見て取れます。まず入学前の知人や家族といった旧環境の他者の記載が減り、その代わり大学入学後に知り合った新環境の他者の記載が多くなっています。具体的には、スタッフの領域にコーチとトレーナーが、また入学後知人として授業で知り合ったラグビー部のK君に加え、面接者でもある筆者（TH）も登場しています。いずれも情緒的なサポート提供者として位置づけられているようです。

また、体づくりの見本としたS先輩との心理的距離は大きく縮められており、ネットワークマップからは彼のソーシャルサポートがより機能的になったように感じられました。

転機となった10月（調査4）のネットワークマップには、さらに監督であるPが大きな存在感をもって、中心に描かれています。海外代表チームとの試合での活躍が認められたことで、リーグ戦にも出場機会を得ることができたことの影響でしょう。またアシトさんがAチームに昇格したことで、一度マップから消えた推薦入学の同級生が、再度登場するなど、旧環境の他者関係から大学入学後の新環境における他者関係中心のネットワークマップへと変化している点も特徴として挙げられます。

このようにネットワークマップの変化をたどることで、大学入学後チームになじめなかったアシトさんが、周囲のサポートをうまく活用しながら環境移行に適応し、チームのメンバーとして成長していく様子を確認することができます。アシトさんにとっては、このネットワークマップを描く作業が、有効なソーシャルサポートの提供者を探し出すことにもつながったと考えられます。

事例のその後

アシトさんは、その後もスポーツカウンセリングルームをうまく活用して、競技生活を充実させていきました。本稿で紹介した新入生サポートプログラムの他に、メンタルトレーニング講習会等にも積極的に参加していました。特にリーグ戦に出場するようになってからは、試合場面でのイメージトレーニングや対戦相手ごとのメンタルリハーサルに取り組んでいきました。S先輩のリーダーシップのもと、チームは全国レベルでも活躍できたことから、アシトさんもアスリートとしての実績を積み重ねていくことができました。4年生になると、いくつかのプロチームから練習参加の勧誘もあり、高校卒業時には果たせなかった夢に向かって順調にキャリアを伸ばしていきました。

そんな折、教育実習のために母校に行ったことがきっかけで、教職への興味が湧いてきました。また母校の監督からも、教員として戻ってきてはどうかと提案を受け、プロチームに進んで競技を続けるか、あるいは母校に戻って指導者を目指すか、進路について迷い始めます。そんな頃、父親が病で倒れ、母親を助けるためにも実家に戻ることが現実的になってきました。アシトさんは、プロになるという高校時代からの自身の夢と、現実の選択肢との間で葛藤を抱え、個別の心理相談（カウンセリング）を申し込んできました。

自身の進路は自身で納得いくまで考え抜いて決める必要があることから、筆者は傾聴と共感に努め、彼の自己決定を見守ることに徹しました。面談を経る中で、ここでも多くのサポート提供者が現れて、状況が様々に変化する中で、彼はプロになる決意をしました。決意の背景には、彼が憧れていたS先輩と、今度はプロの舞台で、かつ、対戦相手として真剣勝負をしてみたい、ということが大きな理由になっていました。

個人面談の最後に、ライフライン（競技生活の充実度曲線）を描きながら、大学4年間を振り返ってみてはどうかと提案しました。図11-2はアシトさんが描いたライフラインです。ライフラインは縦軸に競技生活の充実度、横軸に時間の流れをとって、その時々に体験した出来事をグラフで表しています。さらに、そのグラフに、彼が活用した3つのメンタルサポートプログラム、すなわち新入生サポートプログラム、メンタルトレーニング講習会、個別のスポーツカウンセリングを付記しました。

この図からは、アシトさんは自身の競技環境を最適化するために、ソーシャルサポートをうまく活用しながら競技生活を充実させていったことが分かります。メンタルサポートもアスリートの置かれた状況によって、様々なタイプが必要となることが示唆されました。

まとめ

本章では、アスリートを取り巻く他者関係に焦点を当て、ソーシャルサポートの活用法について紹介しました。「人」という字は二人の人が支え合っている様子を描いているという説もあれば、一人の人が自分の足で自立して

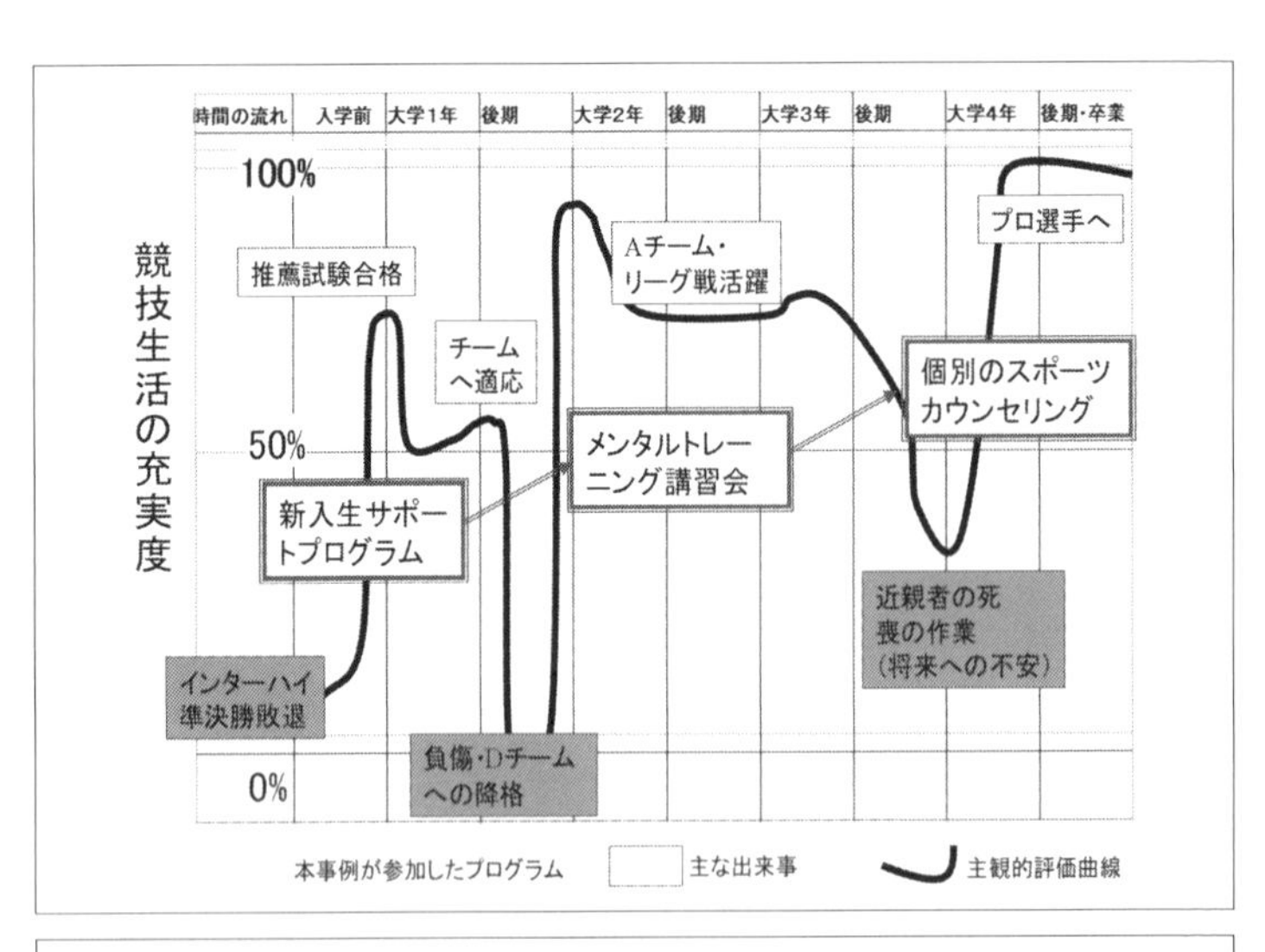

図11-2　アシトさんが描いたライフライン(土屋,2021)

いる様子を表しているという説もあります。ソーシャルサポートの活用を、誰かに頼る依存した状態と見るか、あるいは自律的・主体的にうまく活かしていると見るかの違いのようにも感じられます。

アスリートに限らず、さまざまな場面で困難を抱えるクライエントさんのカウンセリングやメンタルサポートを担当していると、その困難の多くが人との関わりでの傷つきに端を発していることに気づきます。アシトさんも、もともとS先輩に罵倒されたことに傷つき、悔し涙を流していました。アスリートの場合は特に、人と人との関係が濃密なために、心の傷つきも大きい場合があります。私たちは無人島で一人、生きているわけではありません。人と人との関わりから生まれる傷つきは、競技を続ける以上、あるいは生きていく以上、避けては通れないことかもしれません。

しかしその傷つきを癒やしてくれるのもまた人である、といったことを本章で紹介したソーシャルサポートの活用事例が教えてくれます。不思議なことに、困難を抱える本人が問題解決に向けて本気で取り組み始めると、それを助けてくれたり、後押ししてくれたりするような、意味ある、重要な他者がタイミングよく現れることを、メンタルサポートではよく経験します。アシトさんの場合、コーチやトレーナー、あるいは監督がまさにそのような存在でした。

対人関係は「内的な取り組みの投影図」のようなものかもしれません。ピンチをチャンスに変えるような他者関係をどうしたら築けるのか。これからも、アスリートの取り組みに学んでいきたいと考えています。

理解を深めるためのチェックポイント

1 本章で紹介したアシトさんの相談に対して、あなたならどのように対応するか、またなぜそのように対応するのか、考えてみましょう。

2 あなたの周囲にはどのようなサポート提供者がいるでしょうか。図11-1に示したネットワークマップにならい、白地図上に「あなたにとって意味ある人、重要な人」を図示してネットワークマップを作成してみましょう。その後、そこに記載された人から得られるであろうサポートにはどんなことがありうるか、考えてみましょう。

3 本章では「困難を抱える本人が問題解決に向けて本気で取り組み始めると、それを助けてくれたり、後押ししてくれたりするような他者がタイミングよく現れることがある」ことに触れ、対人関係は「内的な取り組みの投影図」だと言及しました。その視点から、あなたの人生において意味ある、重要な他者を一人思い浮かべ、その出会いがあなたのその後の人生に与えた影響について考えてみましょう。

第12章 アスリートのメンタルヘルスとウェルビーイング

前章では、チームになじめなかった大学新入部員アシトさん（仮名）の事例をもとに、アスリートが新しい競技環境に適応していく過程では、さまざまな競技ストレスに直面することを確認しました。特にアシトさんの場合は、強豪大学に進学したことで、競技レベルの高さに圧倒され、慣れない練習環境の中でスポーツ傷害を抱えて苦戦していました。ふがいないプレーに先輩からは「辞めてしまえ」のような厳しい言葉が飛び、出られるはずの新人戦のメンバーからも外れてしまったことで、意気消沈していました。

アシトさんはその後、周囲からの支援（ソーシャルサポート）を上手く活用してそのピンチをチャンスに変えていきましたが、競技ストレスに悩み、うまく解決できないでふさぎ込んでいるアスリートは少なくありません。

一般にアスリートは心技体ともに強靭で、特にメンタルについては負けず嫌いで打たれ強く、ちょっとやそっとでは挫けない、といったイメージを持たれることがあります。しかし、最近になって、アスリートのこころの健康、すなわちメンタルヘルスの問題を心配する声が上がっています。

例えば、トップレベルの女子プロテニス選手が長い間、気分の落ち込みに悩まされてきたことや、現役時代打点王にもなったことのあるプロ野球選手が不安症、パニック障害を患って自室に閉じこもっていた時期のあったことを告白しています。他にも、オリンピックにも出場した女子フィギュアスケート選手が重篤な摂食障害を患っていたことを公表したりするようになり、アスリートにとってもメンタルヘルスの問題は身近なものであるとの認識が少しずつ広がってきました。

とはいえ、アスリートは心身ともに健康であるべきだといった選手自身の思い込みも根強くあることから、彼らのメンタルヘルスの実態が分かりづらくなっています。

以上を背景として、本章ではメンタルヘルスの問題を抱えながらも、なかなか心理支援にたどり着けなかったアスリートの事例を通して、アスリートのメンタルヘルスの問題について考えたいと思います。

なお、私たち心理サポートの専門家（日本スポーツ心理学会認定スポーツメンタルトレーニング指導士）には守秘義務がありますので、個人情報の詳細や相談の内容については、本質をゆがめない範囲で改変して示していることを予めお断りしておきます。

事例の紹介
メンタルヘルスの問題を抱えつつもなかなか心理支援にたどり着けなかったヒデオさん

ヒデオさんはプロ3年目の野球選手です。ヒデオさんは、高校時の長打力が評価され、小学生からの夢でもあったプロ野球選手になることができました。夢が叶った達成感と同時に、上位指名でなかったこともあり、プロ選手としてやっていくことの厳しさに不安を感じていました。プロ野球は各チームで支配下登録される選手の数が決まっており、新入団の選手がいれば、チームを去っていく選手もいる、というまさに実力主義の厳しい世界です。

1年目、ヒデオさんは少しでも実力をアップさせたいと考えて打撃練習に打ち込みますが、春のキャンプで肘を痛めてしまいます。もともとリトルリーグ時代、監督である父のもと、ピッチャーをしていたヒデオさんは、中学生のときにすでに肘を痛めて手術を経験しています。その後、高校時にも再発し、ピッチャーを断念して野手に転向した経緯がありました。

ヒデオさんは、打撃練習はおろか、ほとんどキャッチボールもできないような状態のまま、1年目のシーズンを終えます。このままではいけないと再度手術を経て2年目のシーズンを迎えますが、少し練習をすると痛みが再発することを繰り返していました。それでもヒデオさんは、いつか完治して自分の持ち味である長打力を活かして1軍で活躍することを目標に、ただひたすらに走り込みなどを続けていました。

2軍でもほとんど試合に出場できないまま、3年目のシーズンとなりました。再起をかけたハードトレーニングは続いていましたが、新入団選手の中に同じポジションの大型新人がいたこともあり、頑張らなければ自分の契約が更改されないのではないかという不安が日増しに大きくなっていきます。それを打ち消すためにも走り込みを続けていましたが、やる気が失せてできない日もあり、自分を大きく変革させるような、特別な何かをしなければと焦っていました。

そんな折、インターネットを見ていると「夢が叶うメンタルトレーニング」という広告を見つけます。その「メンタルトレーナー」に相談すると、「ポジティブに考えよう」「目標設定で夢が実現」のような指導を受けたといいます。藁にもすがるような思いで目標設定に取り組みましたが、そこに書き連ねた行動目標は、いずれもほとんど実行できませんでした。そのため、さらに自責の念と気分の落ち込みが強まっていきました。

そんな折、試合中に「ありえないミス」が続きました。ヒデオさんはボールを投げることも打つこともできないため、2軍の試合でも代走として出場するしかありません。そこで、サインの見落としや見間違いが、2日続けて起きたのです。コーチからは「やる気がないならここにいる必要はない」といった厳しい叱責もあったようです。

一方、ヒデオさんは、「集中しなければ」と思うのですが、それが続かないと感じていました。夜の寝つきも悪く、ベッドに入ってからも2~3時間は眠ることができない、また朝食も食べられないような状態が続きました。

ヒデオさんの様子がこれまでとは違っているように感じたトレーナーがチームドクターに相談すると、異変を察知したチームドクターは、すぐに精神科の医師の診察を受けるようにアドバイスをしました。スポーツドクターでもある精神科の医師は、診察の結果うつ状態を疑い、投薬と併せて筆者のカウンセリングを受けることを勧めました。

上記の内容は筆者との面談で、この状態に至るまでの過程についてヒデオさんが語ってくれた内容の抜粋です。ヒデオさんは心理支援にたどり着くまで、およそ1年近く一人でうつ状態を抱えて苦しんでいたことになります。初回の面談では、「このままではいつ契約が切られてもおかしくない。自分から野球を取ったら何も残らない」「もう消えてしまいたい……」のような発言がありました。筆者が「その辛い気持ちをよく話してくれましたね……。どういう方法が一番良いか、一緒に考えていきましょう」と応じると少しホッとされたのか、涙を流されていました。

理論解説

1　代表的な精神疾患とスポーツ指導上の留意点

２０２２年度より高校の保健体育の授業に「精神疾患の予防と回復」が取り上げられるようになりました。これは実に約40年ぶりのことです。その理由には、精神疾患はごく身近な病気であり、かつその発症のピークは10代後半から20代にあること、さらに他の身体疾患と同様に早期発見・早期治療が重要であり、そのためには精神疾患について正しい知識を持っておかなければならないことが挙げられます。

とりわけ若年層の死因の第一位となっている自殺の背景に、うつ病のような精神疾患が関わっている可能性も指摘されており、若いアスリートに関わる可能性のある指導者には、精神疾患に対する正しい知識が求められています。以下に、代表的なものについて、土屋（2023）をもとに概説しておきます。

①うつ病

うつ病は気分障害の1つで、精神的には抑うつ症状と意欲の低下が、また身体的には慢性的な疲労や不眠などが観察されます。発症には神経伝達物質の異常など脳の機能低下が関わっていることが分かっており、ストレスとの関係も指摘されています。特に思春期は、受験や環境変化のようなストレスを受けやすく、また身体的な変化に伴い、ホルモンバランスも変動することから注意が必要です。

アスリートの場合、走り込みのような負荷の高いトレーニングを適切な休養を取らないで行っていると、オーバートレーニング症候群と呼ばれる状態に陥ることが知られています。精神科医によれば、オーバートレーニング症候群に陥ったアスリートの精神状態は、うつ状態に極めて似ているということです。うつ病は悲観の後に希死念慮や自殺につながる可能性もあり、注意が必要です。

うつ病が疑われる場合は、できるだけ早期の受診につなげられるよう、まずは本人が安心できるような受容的な関わりを心掛けなければなりません。「頑張れ」「ポジティブに」「乗り越えろ」といった声掛けは、本人にさらにストレスを与えることから、禁忌であるといわれています。

②不安障害

不安は危険を察知するために、我々の心に備わる正常な機能ですが、理由のない不安や心配で圧倒されてしまって、日常生活にも支障をきたすような状態が続くと不安障害が疑われます。日常生活のすべての事柄に不安が及ぶ場合や、対人関係において極度の不安を抱える場合、さらに突然、不安に襲われて動悸や息切れのようなパニック発作が起こり、それが続くことで「死んでしまうのではないか」と予期不安が高まり、結果として発作が続くパニック障害などがあります。

アスリートの場合、チーム内でのいじめや対人関係のつまずきなどがきっかけになっている場合が少なくありません。指導者の体罰や暴言がトラウマとなり、それが繰り返し再体験されたり突然フラッシュバックしたりして、精神的苦痛を感じる心的外傷後ストレス障害も、不安障害に分類されます。

中学生や高校生年代では、試合で過緊張から思うようなプレーができず、あがりと呼ばれる状態を体験することがありますが、それを強く責めるような指導を行うと、また同じ状態になるのではないかといった不安が惹起され、それが予期不安につながってプレーヤーをいっそう苦しめることになります。このため、ミスを責めたてるような指導は行うべきではありません。

③統合失調症

統合失調症は、考えがまとまらず「幻覚」「妄想」といった症状が特徴的な精神疾患です。10代後半から20代にかけて発症することが多く、人口の1％ぐらいが発症するといわれています。遺伝などの生物学的側面の影響の強いことが想定されていますが、発症にはストレスの影響も否定できないと考えられており、スポーツ指導においても注意が必要です。

この精神疾患は、不安や不眠などの症状が認められる前駆期に始まり、その後、幻覚や妄想などの陽性症状が出現する急性期が続きます。陽性症状では、あるはずのないものが見えたり聞こえたり（幻覚）、あるいは危害を加えられるといった思い込み（妄想）にとられて混乱状態を呈す場合がありますし、逆に、意欲が低下し、感情が鈍磨して人との交流を避けて引きこもるような陰性症状を呈する場合もあります。

いずれも前駆期に適切な治療が受けられれば、成長期における脳へのダメージが軽減されて予後が良くなるため、指導者や保護者など、周囲が早く気づいてあげることが重要であると言われています。

④摂食障害

摂食障害は食にまつわる異常行動が特徴で、思春期に発症しやすく、そのほとんどが女性です。中学生では必要な量を食べようとしない「神経性痩せ症」が多く、高校生からは過食と嘔吐・下剤乱用などが伴う「神経性過食症」の割合が増えます。

アスリートの場合、体操などの審美系の種目や陸上の長距離種目のように、痩せていることがパフォーマンスに効果的だと信じられている種目に摂食障害の割合の多いことが知られています。摂食障害が利用可能なエネルギー不足を引き起こし、それに伴って骨粗鬆症と運動性（視床下部性）無月経が引き起こされる女性アスリートの三主徴は、女性としての発育発達を阻害するだけでなく、心身の健康を悪化させることから大きな問題となっています。したがって、思春期の女性アスリートの指導では、摂食障害を引き起こさないためにも、体重へのこだわりを助長するような指導は行うべきではありません。

2　生物・心理・社会モデル

精神疾患の原因やメンタルヘルスの悪化に関わる要因についてはまだ十分に解明されておらず、現在のところではさまざまな要因が複雑に関係しているといった視点を持つことが大切になっています。その視点として、メンタルヘルスを心理面だけで捉えるのではなく、生物学的側面や社会学的側面の3つから包括的に捉える必要性が指摘されています。

第2章、生物・心理・社会モデル（Bio-Psycho-Social model）の図で示した通り（図2－1）、メンタルヘルス不調を訴えるアスリートを理解する際には、認知のゆがみや感情の変化のような心理学的側面だけでなく、身体症状や遺伝的要因などの生物学的側面、家族や組織、置かれている環境のような社会学的側面からも検討が必要となります。

特に精神疾患の場合は、意欲の減退など心理面から観察できる精神症状以外に、食欲の低下や不眠など、身体症状を呈することもあり、医師の診断により早期治療が可能になる場合が多く、重要な視点となっています。この点で、ヒデオさんの異変に気づき、チームドクターに連絡したトレーナーの判断はとても適切だったと考えられます。

3　メンタルヘルスとウェルビーイング

一般に、運動は心身の健康の保持増進に役立つことは明らかであり、そのためこれまでアスリートはメンタルヘルスの問題とは無縁のように思われていたかもしれません。しかし冒頭で説明した通り、アスリートにとっても精神疾患やメンタルヘルスの問題は身近なものであるとの認識が一般的になりつつあります。国際オリンピック委員会は、エリートアスリートの精神症状や疾患の有病率は一般の人々よりも高いと推定しています（IOC, 2021）。そこでは競技ストレスの影響を無視することができません。

一方で、メンタルヘルスの悪化を精神疾患に短絡的に結び付けてしまうことには注意を要するかもしれません。例えば、ヒデオさんのようなプロアスリートが、契約更改されないのではないかといった将来への不安を感じるのは当然のことです。それに伴って気分の落ち込みや抑うつ状態が観察されるアスリートであっても、様々な競技ストレスへの反応として、ある意味こころ

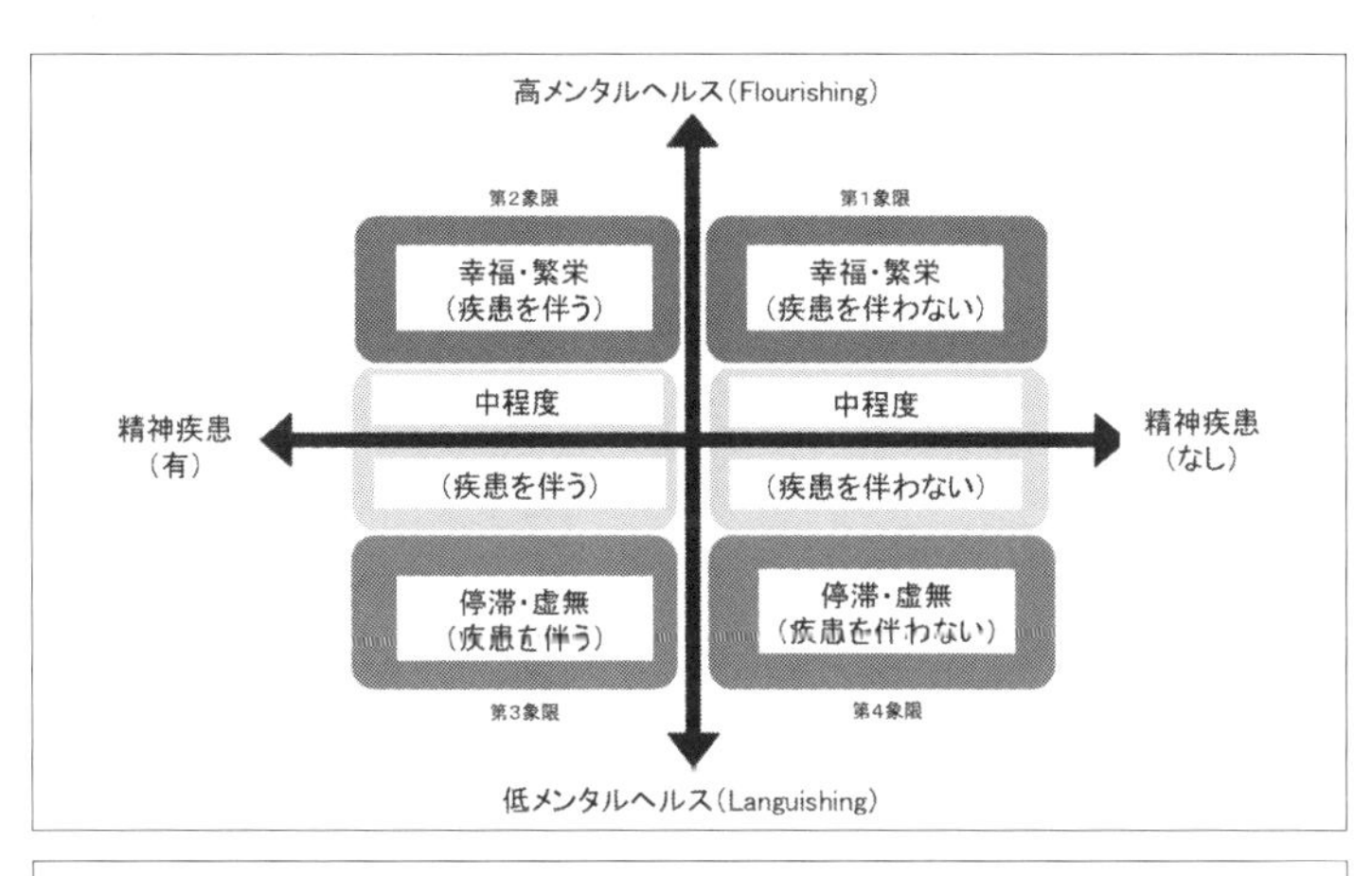

図12-1　2軸で捉えたメンタルヘルスの模式図（土屋, 2023）

の正常な機能として生じている可能性もありうるからです。要するにうつ状態があるからといって、うつ病とは限らない、という点に注意が必要です。

前記を理解するために図12－1に示した枠組みが役立つでしょう。この図では、横軸の精神疾患の有無に加えて、縦軸に気力の充実度をとることで、メンタルヘルスの良好な状態、すなわちウェルビーイングな状態を二次元で捉えています。世界保健機関（World Health Organization：WHO）はウェルビーイングを「人が自身の能力を発揮し、日常生活におけるストレスに対処でき、生産的に働くことができ、かつ地域に貢献できるような、精神的に良好な状態」と定義しています（WHO, 2001）。

メンタルヘルスを、精神疾患の有無と気力の充実度の二次元で捉えることで、気分の落ち込みや抑うつ状態が観察されるアスリートであっても、大きなストレスが加わって一時的にメンタルヘルスが悪化しているといった理解が可能となります（図中第4象限）。逆に、摂食障害などの精神疾患を患っていても、気力が充実したウェルビーイングな状態であれば、競技で活躍できることも想定されます（図中第2象限）。うつ病が疑われたヒデオさんは、図中第2象限で頑張っていましたが、メンタルヘルスが悪化して第3象限に移行したと考えることができるでしょう。

事例のその後

主治医の精神科のスポーツドクターからは、しばらく練習への参加を見送り、体調回復に努めることが提案されました。当初ヒデオさんは、「自分にとって練習は仕事だから休むことはできない」と考えていたようです。

筆者との面談では、生物・心理・社会モデルを紹介しながら、休養の大切さについて一緒に考えるようにしました。同時に、チームスタッフについてもメンタルヘルスについてレクチャーする機会があったので、これまで本連載で紹介してきたようなメンタルトレーニングのポイント、つまり「こころとからだの健康はとても密接な関係」「より良いメンタルは規則正しい生活と日々の行動の積み重ねから」のようなことを伝えました。それを機会に、トレーナーやコーチからも、ヒデオさんにまずは体調を整えるようアドバイスがあったようです。

その後、ヒデオさんは休養も大事なトレーニングと位置づけて、積極的にリフレッシュを図るようにしていきました。また、もともと「心理学にも興味があった」と言い、性格テストを受検したり、自分の競技人生を年表に示すライフライン（第11章図11-2参照）などにも挑戦したりしていました。その中で、競技を始めたきっかけについて、とても興味深いお話をしてくれました。

ヒデオさんが野球を始めたのは、地域のリトルリーグで監督を務める父の影響でした。お父さんは、プロ野球で活躍することが嘱望されたようなプレーヤーだったそうですが、家業を継ぐため諦めざるを得なかったといいます。

野球は兄が先に始め、3つ下のヒデオさんは天才肌の兄をずっと目標にしてやっていきました。父は兄への期待が大きく、ヒデオさんはあくまで付録のような存在、家庭も兄の野球活動を中心に回っていたそうです。しかし将来を期待された兄は、名門高校に進学後すぐに部内のいじめに遭い、心を病んで中退してしまいます。その頃から父の期待は兄からヒデオさんに移ったといいます。ヒデオさんは父の期待に応えたいと頑張り、ついにプロ野球選手になったのでした。

性格検査の振り返りの中でヒデオさんは、「周りの人を喜ばせたい」気持ちが強いこと、その結果「他者の目や評価を気にしすぎること」といった特徴に気づいていきました。またライフラインを眺めて、「自分は父親と兄の夢を追って生きてきて、プロ野球選手になれた。でもここからは自分の人生を生きていかないといけないのかもしれない」と洞察を深めていきました。

不思議なことに、その頃から「痛みとの付き合い方が分かるようになってきた」と言い、自分のペースで練習に参加していきました。シーズン後半にはスタメンで2軍の試合に出場できるようにもなり、時折、彼の持ち味である長打力の片鱗を見せて活躍する場面もありました。3年目のシーズン後半になって、ようやく野球ができるようになったものの、痛みが強くなるとお休みをするといったことを繰り返していました。

3年目のシーズン終了後、球団はヒデオさんとの契約を更改しないと伝えました。ヒデオさんも覚悟の上のことでした。しかし思いがけないことに、球団からはこのまま職員として残ってはどうかとの誘いがありました。ヒデオさんの人懐っこさ、練習に対する真摯な取り組み姿勢などが管理職の目に留まっていたようです。ヒデオさんは、「自分は用具の管理などを通じて選手を支える、裏方さんの仕事の方が性に合っている」と言って、喜んでその申し出を受け入れました。

まとめ

わが国初のカウンセリングの国家資格である公認心理師は、クライエントに主治の医師がいるときは、その指示を受けなければならないと法に明記されています。今回のケースでも、医療と連携してヒデオさんをサポートできた背景には、スポーツメンタルトレーニング指導士が公認心理師資格を持っていたことが功を奏したようです。

アスリートの精神状態を客観的に理解する知識のない、自称メンタル専門家がうつ症状を呈するアスリートにポジティブ思考や目標設定を課すような関わりは役に立たないどころか、さらに本人を苦しめるケースがあることに注意したいものです。

一方、アスリートであっても様々なメンタルヘルスの問題に直面すること、そして仮に疾患を抱えていても、医療を含めた適切なサポートがあれば、より良い状態（ウェルビーイング）が保たれることも大切なポイントとして確認しておきましょう。

ヒデオさんの場合、父や兄の代理自我として、プロ野球選手になることを目指していましたが、その先でメンタルヘルスの問題に直面してしまいました。しかし、ヒデオさんは、その苦しい体験を通じて自分自身に向き合い、洞察を深めて自分らしいキャリアを築くきっかけを得ていきました。一見暗く思える病の体験にも、新たな人生を切り拓く、明るい側面のあることに注目したいものです。

理解を深めるためのチェックポイント

1

本章で紹介したヒデオさんの相談に対して、あなたならどのように対応するか、またなぜそのように対応するのか、考えてみましょう。

2

本章では、若いアスリートに関わる指導者が知っておくべき4つの代表的な精神疾患、すなわちうつ病、不安障害、統合失調症、摂食障害について説明をしています。これらの説明を見て、これまで見聞きしたりして思い当たる事例がないか考えてみましょう。その上で、もしそのような傾向のあるアスリートがチームにいる場合、指導者やチームメイトはどのようなことに注意しなければいけないか、考えてみましょう。

3

一般に、運動やスポーツの実施が心身の健康の保持増進に役立つことは明らかですが、一方でメンタルヘルスの問題を抱えるアスリートがいることにも注目が集まり、スポーツが諸刃の剣であるようにも感じられます。この点について、メンタルヘルスの保持増進やウェルビーイング（心理社会的な幸福）の実現のために、スポーツとどのように関わるのが良いと考えますか。あなた自身の考えをまとめてみましょう。

第13章 グッドコーチになるための心理サポート

前章では、プロ野球選手ヒデオさん（仮名）の事例をもとに、アスリートのメンタルヘルス（心の健康）やウェルビーイング（心理・社会的な健全さ）がとても重要な課題になっていることを紹介しました。この事例のように、心身ともに健康だと思われがちなトップアスリートであっても、スポーツ傷害や実力未発揮など様々なストレスに直面することで、メンタルヘルスの問題を抱えうること、そして時には医療を含めた適切なサポートが必要になることを確認しました。

興味深いことに、この事例では、メンタルヘルスの問題に直面し、克服に向けて苦しい体験をしましたが、その先に自分らしいキャリアを築くきっかけを得ていきました。ここでも心の危機（ピンチ）は新たな人生を切り開く好機（チャンス）になりうることが確認でき、本連載を通じてたびたび触れてきたスポーツカウンセリングにおける「ピンチはチャンス」の考え方が、より体験的に理解できる事例だったと思われます。

ところで、スポーツにおけるメンタルヘルスやウェルビーイングの課題は、アスリートだけに限ったものではありません。スポーツをする側だけでなく、支える側にもこの課題への対応が求められることがあります。とりわけ、コーチやトレーニング指導者には、アスリートを育成し強化する責任がある一方で、体罰や暴言、ハラスメントへの注意も必要であり、ジュニア年代の指導の場合には、アスリートだけでなく保護者対応などのストレスも多く、指導に苦慮している場合もあるようです。特に２０１２年のスポーツ指導における暴力事案が

社会問題化して以降、強くなるための厳しい練習と、ハラスメントにつながる不適切な練習との境目に悩むコーチや指導者の相談も少なくありません。

そこで本章では、この問題をきっかけに自身のコーチングについて洞察を深めていったあるコーチに対するサポート事例について、土屋（2014）をもとに紹介します。

なお、私たち心理サポートの専門家（日本スポーツ心理学会認定スポーツメンタルトレーニング指導士）には守秘義務がありますので、個人情報の詳細や相談の内容については、本質をゆがめない範囲で改変して示していることを予めお断りしておきます。

事例の紹介
監督、イッテツさんに対する心理サポート

1 名門実業団チームからの相談

知己のトレーナーからの依頼で、ある女子実業団チームの監督、イッテツさん（30代後半男性、仮名）と面談することになりました。このトレーナーは当該チームの親会社の社員で、チームの部長でもありました。

部長によれば、このチームはかつて日本一を経験したこともある名門チームですが、戦力的には十分に上位の成績を残せる可能性があるにもかかわらず、過去2シーズン成績が

低迷しているとのことでした。そのため、試合で実力を発揮するためのメンタルトレーニングを選手に対して実施したいと監督が言っているので、まずは監督に会って話を聞いてほしい、というのが当初の依頼でした。

指定された時間に面談場所に赴くと、監督は不在でした。チームの練習が予定の時間を過ぎてもまだ続いているので、移動して見学してほしいとのことでしたので、部長に案内されるまま練習場に行きました。すると、チームは猛練習のさなかで、鼻血を流しながら練習している選手もいるような状況でした。監督は筆者に気づいても、中断する気配はなく、むしろだんだんと激しい練習となりました。「何をやってるんだ！」「バカヤロー！」。監督の怒号や罵声が響き、選手は必死の形相でボールに食らいつく、といった練習がその後も1時間ほど続きました。

結局、面談を約束した時間中ずっと練習は続き、監督は練習を中断する気配はありませんでした。見学する筆者に対して申し訳なく感じたのか、部長が依頼に至る経緯を話してくれました。

それによると、10年以上チームを率いて実績を積んだ前任者が勇退し、その後継者としてコーチだった現監督が就任したこと、監督はこのように一生懸命取り組んでくれているが、着任後の2年間はチームにけが人が多く、また勝てる試合を落としたりして低迷が続いている、といった話でした。何とか現状を打開したいという部長の思いは受け止めましたが、当の監督であるイッテツさんがどのように考えているのかは分かりませんでした。そのため「もし監督が心理サポートを必要とされるようであれば連絡してもらってください」と伝言を託し、練習を続ける監督に目礼して練習場を後にしました。

2 監督の抱えるストレス

監督と面談をしないまま練習場を後にしてから数日後、監督から筆者に直接連絡がありました。「練習を見てもらって分かる通り、選手はメンタルが弱いので強くしてもらいたい」とのことでした。それに対して筆者は、「選手のメンタルを強くできるかどうかは分からないが、監督のお話を聞いて共に考えることはできるかもしれません」と伝えると、来談したいとのことでした。

初回面接で監督は、「選手たちは自信がない。もっと自信を持たせるにはどうしたら良いか」と語られました。選手の様子を語る監督の話を傾聴していると、「接戦になるとびくびくしている」のは「自分の指導が厳しすぎるからかもしれない」、「しかし自分たちは現役時代にそれを乗り越えて強くなった」と揺れ動いていました。筆者はそれには価値判断を挟まず、さらに耳を傾けていきました。

その後、継続面接となり、週1回、監督がカウンセリングルームを訪ねてくれることになりました。その中では、チームの話よりもむしろ監督自身の抱えるストレスがテーマになっていきました。数回の面接の中で、社内での処遇が十分ではない話、前監督の実績がプレッシャーになっていること、さらに家庭を犠牲にしてチームに関わっていること、それに応えない選手への苛立ちや不満、報われなさなどが語られ、時に涙を流されることもありました。

3　監督解雇のうわさ

3シーズン目の前期も結局、チームはズルズルと負け越し、運営会社からは監督に対して本年度限りで解雇の可能性があることが伝えられました。憤慨した監督は、マネージャーやスタッフに対して運営会社への不満を口にするようになります。面接でも投げやりになりそうな監督に対して、彼の心情への共感を心掛けつつ、筆者が彼の立場であれば、一体どうすることが最善なのかと考えていました。

とはいえ、心理サポートの担当者としては、これといって何かよい案は浮かばず焦りも募りましたが、この試練はきっと私たちにとって大きな学びの場になるはずだと信じて、彼の成長を見守ろうとしました。つまり、解雇は監督にとって大きな心理的危機（ピンチ）ですが、同時に新たな対処経験を学ぶ好機（チャンス）にもなりうると考えられたからです。カウンセリングでは、監督との苦悩の時間が続きました。

理論解説

1　グッドコーチとは

２０１２年12月、大阪市内の高校において、バスケットボール部の男性顧問が同部キャプテンを務める2年男子生徒に体罰を与え、翌日に生徒が自死する事件が起きました。さらに、日本代表チームにおいてハラスメントと認定される事案等も続き、これらの問題は当時の文部科学大臣をして「日本のスポーツ史上最大の危機」と言わしめる事態に発展しました。この声明を受け、文部科学省に「スポーツ指導者の資質能力向上のための有識者会議（タスクフォース）」が設置され、筆者も委員として参画しました。

このタスクフォース報告書では、暴力根絶のために「新しい時代にふさわしいスポーツの指導法のあり方を検討しなければならない」と記され、翌年からはコーチ育成のための新たなモデル・コア・カリキュラム（ＭＣＣ）作成がスタートしました。

そこでまず議論されたのは、グッドコーチが備えるべき資質能力についてです。公認コーチ資格を持っているコーチや指導者が、なぜ禁止されているはずの体罰を行うのか。グッドコーチが備えるべき資質能力として最も大切な、中核（コア）にあるべき資質能力は何か。それを探るため、筆者たち委員は、全国のグッドコーチを訪ねてヒアリングをし、実際のコーチング現場の見学などを通じて、図13－1に示すような、３つの層からなる

ＭＣＣの概念図を作成しました。

まず、カリキュラムの中心には、指導の中核をなす理念や哲学などの「思考・判断」の領域があります。その周辺には、その指導を円滑にするための対人スキルなど、「態度・行動」の領域があります。これらはいわゆる「人間力」と呼ばれるものです。そして一番の外側には、実際の指導に関わるスキルなど「知識・技能」の領域があると仮定しました。

この図から分かるように、たとえ実際の指導技術（スキル）が高く、競技力向上の実績があ

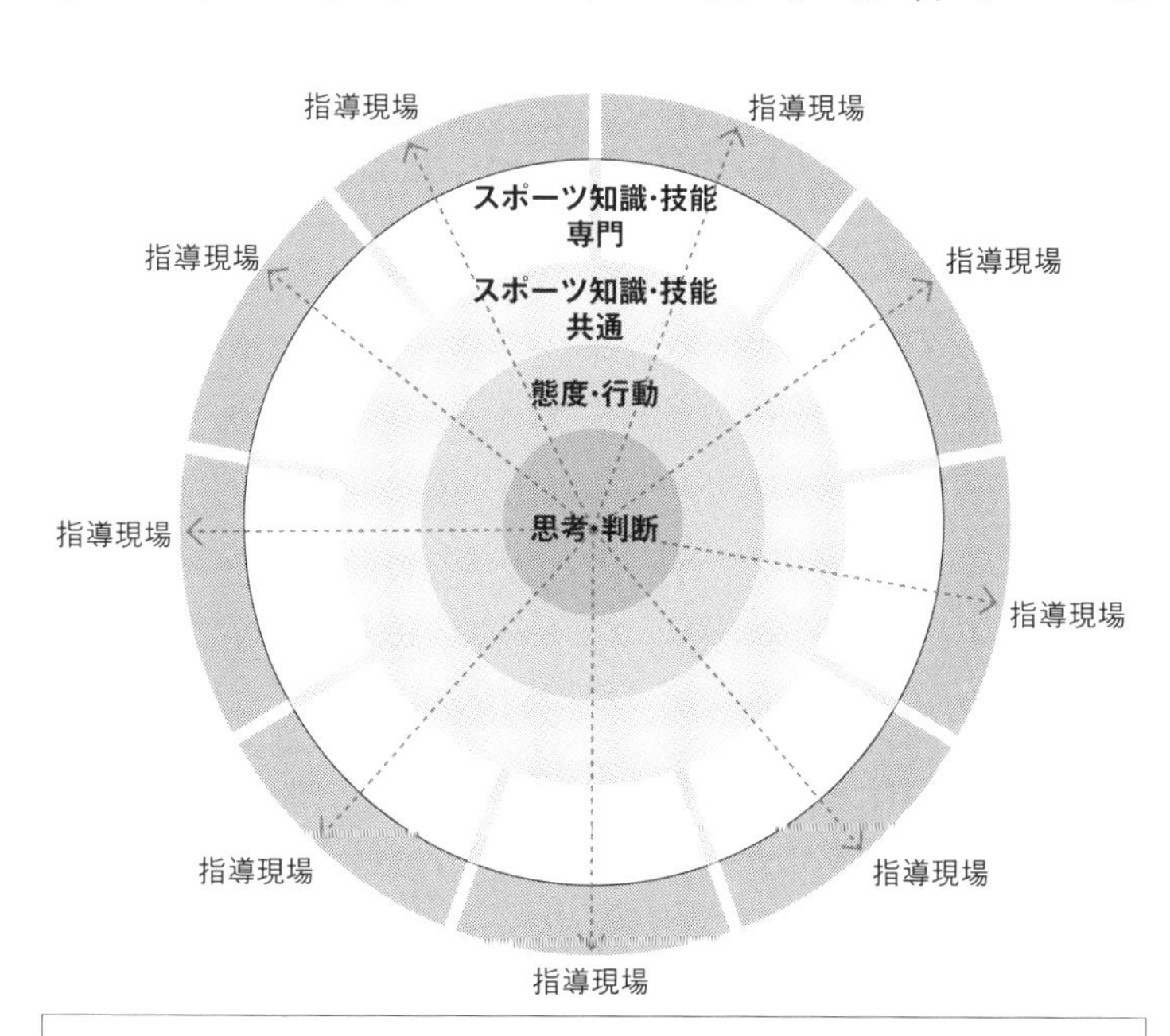

図13-1　グッドコーチのためのモデル・コア・カリキュラム

ったとしても、プレーヤーの主体性を引き出すような「態度・行動」がとれているかどうか、さらにその根底にプレーヤーの成長や幸福（ウェルビーイング）を何より大切にする指導哲学があるかどうか、が重要であると考えました。そういう指導者であれば、プレーヤーに成長をもたらすだろうし、また自身も学び続け、コーチとしての成長を目指すだろうと考えました。

2　人間力はどのように高められるか

このＭＣＣは日本のコーチ育成現場に大きな変革をもたらしました。まず、日本スポーツ協会の資格取得講習会においてもＭＣＣに準拠してカリキュラムが改変され、特に集合して実施される講習会ではカリキュラムの中核（コア）をなす「思考・判断」や「態度・行動」、すなわち人間力に関わる学びを促すためのアクティビティに時間を割くようになりました。

例えば、プレーヤーのやる気を高めるためにコーチやトレーナーはどのような関わりを心掛けるべきか、あるいは保護者との葛藤が生じたときにどのような対応を行うのがグッドコーチにふさわしいのかについて、ロールプレイ（役割演技）を通じて参加者同士で学び合い、学びほぐすような、アクティブラーニングの手法が採用されています。

もちろん、従来講習会の中心となっていた知識・技能を学ぶことも重要です。特に熱中症対策や脳振盪への対応など、指導者が知っておかなければならない知識は常にアップデートしておく必要がありますので、〝知識・技能〟の学びは欠かせません。そのため、集合講習に来る前に、資格取得希望者はEラーニングの教材で学ぶことが義務付けられており、それらの「知識・技能」を持ったうえで集合講習に参加し、参加者同士で人間力を高め合う時間を設けています。

3　指導者にとっての幸せとは

コーチングを支える「思考・判断」、すなわちコーチの指導理念や哲学などの学びが大切などといっても漠然としていて、読者の中には小難しい印象を受ける方もいるかもしれません。そのため、例えば講習会では、「指導者にとっての幸せ」について考えてみることがあります。すると、参加したコーチやトレーナーの皆さんからは、「指導するアスリートが目標とする大会で優秀な成績を出した」とか「チームの目標達成に貢献できた」のような、成功や達成にまつわるエピソードが報告されることが多いようです。

講習会では、自身の大切にしている理念や哲学を深掘りするために、そのエピソードについて、さらにさまざまな視点から振り返ってもらいます。例えば指導者が感じている幸せは、プレーヤーにとってどのような意味があるのか、そしてプレーヤーの保護者や家族にとってはどうか、さらに指導者自身の家族や関係者にとってはどうか、のように掘り下げていきます。

そうすると、プレーヤーのためと思って指導していたが実は自分が有能だと思われたいからだったとか、自身は指導に明け暮れて充実していたと思っていたが、同居している家族は自分が不在がちで寂しい思いをしていたかもしれないなど、様々な気づきがもたらされます。

そして、自分は一体何のために指導を行っているのか、あるいは何のために行っていくべきなのか、というコーチングの目的のようなものに思いが至ることがあります。まさに、自身の指導理念や哲学に出合う瞬間です。その気づきを、参加者同士で分かち合い、自身もプレーヤーも、そして家族もが「三方よし」となるような、理想的な指導者になるためには、今後どのような学びが必要なのかを考えていきます。

もはやここには唯一の正解はなく、自身の生き方、すなわちキャリアに向き合う作業が求められます。私たちは、コーチデベロッパー（学びの支援者）と呼ばれる役割に徹して、彼らの気づきを傾聴し、学びが深まるよう、伴走していきます。

事例のその後

冒頭で紹介した監督、イッテツさんに対する心理サポートのその後の経過について、簡単に紹介しておきたいと思います。

1　転機の訪れ

結局、前期のリーグ戦での戦績は最下位となり、在籍3年の中で最も悪く、面接の中では苦渋の表情を浮かべることが少なくありませんでした。正直なところ、筆者も知己のトレーナーから信頼されて依頼されたものの、結局監督との面談を続けていながらチームの成績向上にはつながらず、申し訳ない気持ちが募っていきました。

お互いに苦しい面接が続く中でしたが、しかし監督の言葉の端々に選手の心情を思いやる語りが増えていきました。例えば、「自身が解雇される前に、せめて一度でよいので選手をのびのびとプレーさせてやりたい」のような希望も語られるようになりました。ある時、監督が「選手たちはどんなプレーがしたいんだろうか……」と言うので、筆者が「直接聞いてみるのも良いかもしれませんね」と答えると意を得た表情になりました。

ちょうどその頃、監督が解雇になるといううわさがチームにも広まり、キャプテンを中心に選手たちの自発的なミーティングが頻繁に開かれていたようです。監督は、そのミーティングに参加して、選手の話を聞きたいと申し出ました。それまではトップダウン式に、一方的に指示を出すことの多かったイッテツさんでしたが、このミーティングでは終始選手の意見に耳を傾け、彼女たちの考えを聞くことに徹していたようでした。

その後の面接では、それぞれの選手の個性や、連係プレーのコツを語ったりすることが多くなっていきました。また、つい厳しい指示を出したくなるときは、実は自分が不安なときであり、そこを耐えて選手を信じること、任せることが大切なのではないかといった気づきも語ってくれました。面接では、その想いを実際の指導で活かせるように、怒りの感情をうまくコントロールするための、アンガーマネジメントと呼ばれる心理技法についても学んでいきました。

イッテツさんのコーチングの変化に伴い、後半のリーグ戦では、少しずつ順位を上げ、上位の一角に食い込むまでになっていきました。トレーナーである部長によれば、チームにけが人が減ったこと、チームがまとまって、厳しいながらも良い雰囲気で練習ができていること、試合では粘り強く戦って接戦をものにすることが多くなっていること、そして何よりも監督からは前向きな発言が多くなり、時折、選手と笑顔で談笑したりしているとの報告もありました。

2　チームの自信

前半のシーズン最下位から、いくばくか巻き返しの兆しを見せてシーズンが終了しましたが、監督の責任を問う声は消えず、去就はその後に開催される全日本のトーナメント大会後に発表されることになりました。切羽詰まった状況にもかかわらず、監督は選手主体の指導に手ごたえを得ているようで、ミーティングでも重要なポイントを確認するのみで、キャプテンを中心に、選手に任せる指導を心掛けていたようです。

トーナメント大会では、選手たちは「監督を胴上げする」という目標を掲げ、リーグ下位にいながら上位の強豪チームを次々と倒して勝ち上がり、勢いそのままに、ついには優勝することができました。古豪復活を報じる新聞のインタビューに対し、主力選手の一人は「イメージ通りのプレーができた」「最高のチームワークだった」と答えていました。またイッテツさんによると、キャプテンが「監督のおかげ」「ベンチでどっしりと構えてくれて安心」のようにインタビューに答えていたと、筆者に対してうれしそうに報告してくれました。

およそ半年にわたる面接を振り返った後、イッテツさんはしみじみとした表情で「自信がなかったのは選手ではなく、実は監督である私自身でした」と締めくくられました。様々なストレスを抱え、苦悩しながらも自身に向き合った結果、「自信のなさ」という課題は実は監督自身の課題でもあったことに気づき、プレーヤーを信頼することでそれを乗り越えられたようでした。

まとめ

本章では、指導者に対する心理サポートの事例を紹介しました。この事例からは、コーチ自身が理念・哲学を深掘りし、それにふさわしい「態度・行動」を身につけていくためのプロセスを垣間見ることができました。アスリートだけでなく、彼らをサポートする指導者自身も、悩んだり苦しんだりしていることを考えると、彼らの訴えを傾聴し、心情に共感していく心理支援の大切さが確認できると思います。

アスリートに対するカウンセリングに比べると、コーチに対する心理サポートはコーチデベロッパーとしてのメンタリングあるいは専門家同士の情報共有(コンサルテーション)と呼ばれる実践形式に近いものだったと考えられます。しかし、コーチに対するメンタリングにおいても、「悩みの答えは本人の中にある」というスポーツカウンセリングの基本姿勢は適用できると考えられます。

ところで、読者の皆さんは「アスリート・ファースト」という言葉を聞いたことがあると思います。それでは何がセカンドでしょうか？　多くの場合、アスリートが優先（ファースト）で、その他のコーチやトレーナー、周囲の人たちは二の次（セカンド）だというニュアンスで用いられているようです。アスリートの成功のために、コーチの私生活が犠牲になっていることもあるかもしれません。もしそうであれば、それは「コーチ・セカンド」という誤解によって生じた弊害だと思われます。

「アスリート・ファースト」は1980年代以降、アメリカで盛んに使われました。その背景には、「ウイニング・セカンド」すなわち、勝利至上主義への警鐘がありました。本来、アスリートの人生や幸せが何より重要であり勝利よりも優先される、という意味でしたが、どうやら最近の日本では、上記のように少し違った意味合いで使われているようです。

本章で紹介したグッドコーチを育成するためのMCCでは、「アスリート・ファースト」から「プレーヤーズ・センタード」へと標語を変えようと提案しています。そのことで、プレーヤーの主体性を中心に置きながら、それに関わるコーチやトレーナー、さらには関係する家族も、みんなが幸せ（ウェルビーイング）になれるような競技環境をつくっていきたいと思っています。

理解を深めるためのチェックポイント

1 本章で紹介したイッテツさんの相談に対して、あなたならどのように対応するか、またなぜそのように対応するのか、考えてみましょう。

2 本章では、従来使用されことの多かった「アスリート・ファースト」という言葉に代えて「プレーヤーズ・センタード」を用いることを提唱しています。その理由について、プレーヤーの主体性とスポーツに関わるすべての人のウェルビーイングをキーワードとして、考えてみましょう。

3 あなたがスポーツ指導で大切にしている事柄を短い言葉(例えば漢字一文字)で表すと、どのような漢字が思い浮かびますか。そのうえで、その漢字からイメージされるあなたの指導理念や指導哲学の、中核(コア)にある信念はどのようなものか、考えてみましょう。

第14章 プレーヤーの主体性を育む振り返り

前章では、実業団チームの監督、イッテツさん（仮名）の事例をもとに、グッドコーチになるための心理サポートについて紹介しました。イッテツさんは名門実業団監督としてなんとかチームを強くしたい一心で指導にあたっていましたが、プレーヤーの自信なさげな態度に強い不満を持っていました。その結果、「何をやってるんだ！」「バカヤロー！」のような怒号を伴う指導が行われていましたが、体罰やハラスメントなど不適切指導に対して社会の厳しい目が向けられる中、それは決して望ましいものではありませんでした。

チームの成績は低迷し、監督解任のうわさが流れる中、ピンチをチャンスに変える出来事が起こりました。プレーヤー主体のミーティングがきっかけとなり、監督もそれに加わることで、トップダウンの指導からプレーヤーの主体性を大切にする、ボトムアップの指導へと変わっていきました。筆者とのカウンセリング（メンタリング）では、自身の指導行動の振り返りや、指導理念・哲学への深掘りがなされていき、最後には「自信がなかったのは監督である私自身でした」といった深い洞察がなされました。

このように、ミーティングや振り返りでは、新たな気づきがもたらされることで、ピンチをチャンスに変えたり、このイッテツさんのチームのようにその後の躍進のきっかけになったりすることが少なくありません。特に、育成年代といわれるジュニア・ユース選手に対する振り返りでは、改善点ばかりを指摘するのではなく、プレーヤーに決定権を委任し、彼らの主体性を大切にしたミーティングや振り返りが極めて重要です。

しかし、経験の浅いジュニア・ユース選手の主体性に任せても、深い気づきがもたらされるようなミーティングや振り返りができるとは限らず、委任と放任は紙一重になりかねません。

そこで本章では、スポーツメンタルトレーニング指導士がファシリテートする振り返りの実践事例について、その具体的な展開方法を紹介します。なお、私たち心理サポートの専門家（日本スポーツ心理学会認定スポーツメンタルトレーニング指導士）には守秘義務がありますので、個人情報の詳細や相談の内容については、本質をゆがめない範囲で改変して示していることを予めお断りしておきます。

事例の紹介
ジュニア・ユース選手を対象としたメンタルトレーニング講習会

1 次世代選手に対するメンタルトレーニング

本章で紹介する競技団体は、世界でもトップクラスの競技成績を誇る男女選手が複数所属しており、２０２１年に開催された東京２０２０パラリンピックにおいても金メダルを含む複数のメダルを獲得したエリート競技団体です。当時の日本代表監督（ヨシさん、仮名）は、過去2回のパラリンピック大会から継続して指導経験があり、長期的視野に立った強化プランを持っていました。すなわち、トップ選手の強化と併せてジュニア・ユース年代の、いわゆる次世代アスリートの発掘・育成が、この競技の普及や発展のために欠かせないと考えていました。

そのため早くからメンタルトレーニングの重要性に気づいており、筆者を含めたスポーツメンタルトレーニング指導士に対して、様々な機会に心理サポートを依頼していました。例えば、東京２０２０大会に向けたチームビルディングなどの他、国別対抗戦に向けたトップ選手への心理サポートや、次世代選手に対するメンタルトレーニングの基礎講習などの実践を積んでいました。本章で紹介する実践事例は、ある年の12月と翌年の1月の２回にわたって開催された、次世代選手を対象とした強化合宿でのメンタルトレーニングの様子です。

2 SMARTな目標設定

このメンタルトレーニング講習会では、まず合宿初日に代表監督であるヨシさんから、参加した次世代アスリートたちに、メンタルトレーニング講習会を実施する目的が伝えられました。そこでは、全国各地で活動しているアスリート同士がお互いを知り、チームとしてまとまるためにアクティブに交流をすること、そしてメンタルトレーニングの基礎を学び、競技力だけでなく人間力も向上させてほしいといったことが伝えられました。それを受け、筆者たちは、初日に目標設定技法（方法については第3章を参照）を紹介し、実際に実施してもらいました。具体的には、代表監督であるヨシさんから翌日の練習メニューを提示してもらい、それを想定しながら各自でパフォーマンス目標を決めてもらいました。

例えば、12月に開催された第1回目の合宿での練習メニューは主に「オフェンス」と「ディフェンス」がテーマとなっており、翌年1月に開催された第2回目の合宿では「スピード」「確率」「コース」などが練習課題として提示されました。それに合わせて、参加者は各自のパフォーマンス目標を設定するのですが、うまくいかない場合も多くありました。ジュニア選手の中には、「頑張る！」のような目標を掲げたりする選手もいるのですが、内容があいまいなため、取り組みにくくなっていました。

そこで、スポーツメンタルトレーニング指導士からは、図14－1に示す効果的な目標設定の5つの条件を紹介しました。そして全国から集まったプレーヤーと監督・コーチがアクティブに交流できるよう、3～4名で1つのグループを作り、それぞれ設定した目標がSMART、すなわちスマート（賢明）になっているかどうかを、さまざまな角度から質問をしながら確認してもらいました。

例えば「どのくらいの確率でサーブが入れば満足ですか？」といった質問に答えることで、当初は「頑張る！」と書いていたジュニア選手も、SMARTの

S	具体的であること（specific）	メンバー1人ひとりが、目標達成場面を具体的にイメージできる内容にすること
M	測定可能であること（measurable）	目標について、どの程度達成できたのかが、客観的（数量的）に把握できること
A	責任がはっきりしていること（accountable）	勝敗目標など外的要因（対戦相手や審判）の影響を強く受ける目標よりも、自分たちの努力次第で達成可能な内容にすること
R	現実的であること（realistic）	精一杯取り組めば達成可能と思わせる、現実的で、かつ挑戦的な内容であること
T	達成期限のあること（time-bound）	いつまでに、何を、どうやって達成するのかがはっきりと示されていること

図14-1　効果的な目標設定の5つの条件（SMART）

M（測定可能）を取り入れて「80％成功させる」のように目標を数値化して洗練させていきました。

3　モニタリングと振り返り

合宿2日目は、予めヨシさんから伝えられた通りのメニューで、午前・午後とオンコートでの練習が行われました。その際、前日に各プレーヤーが作成したパフォーマンス目標のシートが、合宿に参加した全コーチ・トレーナーに共有されており、練習の様子をモニタリング（観察）しながら、出来具合を10段階で評価してもらいました。もちろん、練習終了後には、目標を設定したプレーヤー本人にも、目標の達成度を10段階で評価してもらいました。

練習が終わり、夕食後のメンタルトレーニング講習会では、前日の講習会と同様にプレーヤー3～4名で1つのグループとなり、練習の振り返りを行ってもらいました。プレーヤーの設定した目標の到達度については、監督・コーチにも評価をしてもらっていたのですが、プレーヤーの主体性を尊重する目的から、プレーヤーが自身の評価やコメント・アドバイスを求めたい監督あるいはコーチを指名することができると伝えました。そうすることで、プレーヤーはまず自分自身の評価を大切にすることができ、その上で、さらに聞きたいと思う監督・コーチを選んでアドバイスがもらえるという仕組みにしました。

振り返りのミーティングでは、多くの場合、改善点ばかりに目が向けられることになります。今回の合宿では、伸びしろの多い次世代の選手たちが集まっていることから、「ダメ出しミーティング」になることを避けるために、まずはそれぞれ、良かった点について発表してもらい、その後、グループ内の他の選手や指名した監督・コーチから質問をしてもらいました。そこでは、「何を意識したことでうまくいったのですか?」とか、「どのような状況でうまくいったのですか?」といった質問をすることで、選手の言語化をサポートし、グループで成功体験を共有する時間を確保しました。

このようなグループワークを、メンバーを替えながらワールドカフェ方式で何度か繰り返して実施しました。ミーティングでは笑顔や歓声があふれ、特に監督やコーチに対して、プレーヤー自らが次々とアドバイスを求め、それに対してポジティブなフィードバックがなされるなど、活発な振り返りのミーティングが行われました。

理論解説

1 自己調整学習

同じ合宿に参加して、同じ練習メニューに取り組んでいるのにもかかわらず、それが成果につながるアスリートと、そうでないアスリートがいるのはなぜでしょうか。多くのコーチは、自主性や自律性、主体性などアスリートの取り組み方の違いだと見抜いており、スポーツ心理学でもその解明が進んでいます。それを説明する強固な理論の1つに、自己調整学習（self-regulated learning）理論があります。

自己調整学習理論では、練習の中でより高い実力を身につけていくアスリートの特徴として、①目標を設定し、練習方法を計画し、②学習の様子を自らモニタリング（観察）し、必要に応じて調整し、③結果を自ら評価できるといった3つの特徴があると考えています。これらは①予見の段階→②遂行の段階→③省察の段階のように表現されることもあります。効果的な振り返りとしてよく引用されるPDCAサイクル（Plan→Do→Check→Act）にも通じていることから、このような段階を経ることでより効率的な練習につながるだろうと考えるのは合理的だと思われます。

本章で紹介したメンタルトレーニング講習会の展開は、まさにこの自己調整学習理論に則って構成されており、2回の合宿においてそれぞれ第1日目の講習会を予見段階に見立てて目標設定を実施し、そして2日目のオンコート練習が遂行段階、続いて講習会を省察段階に見立てた振り返りを行っていました。その理由は以下です。

強化合宿は年に何度か限られた期間で実施されるのみであり、次世代アスリートの多くは全国各地でパーソナルコーチとともに練習を積むことになります。言い換えれば、多くの時間を過ごす地域での練習への取り組みが、次世代アスリート育成の鍵となります。地

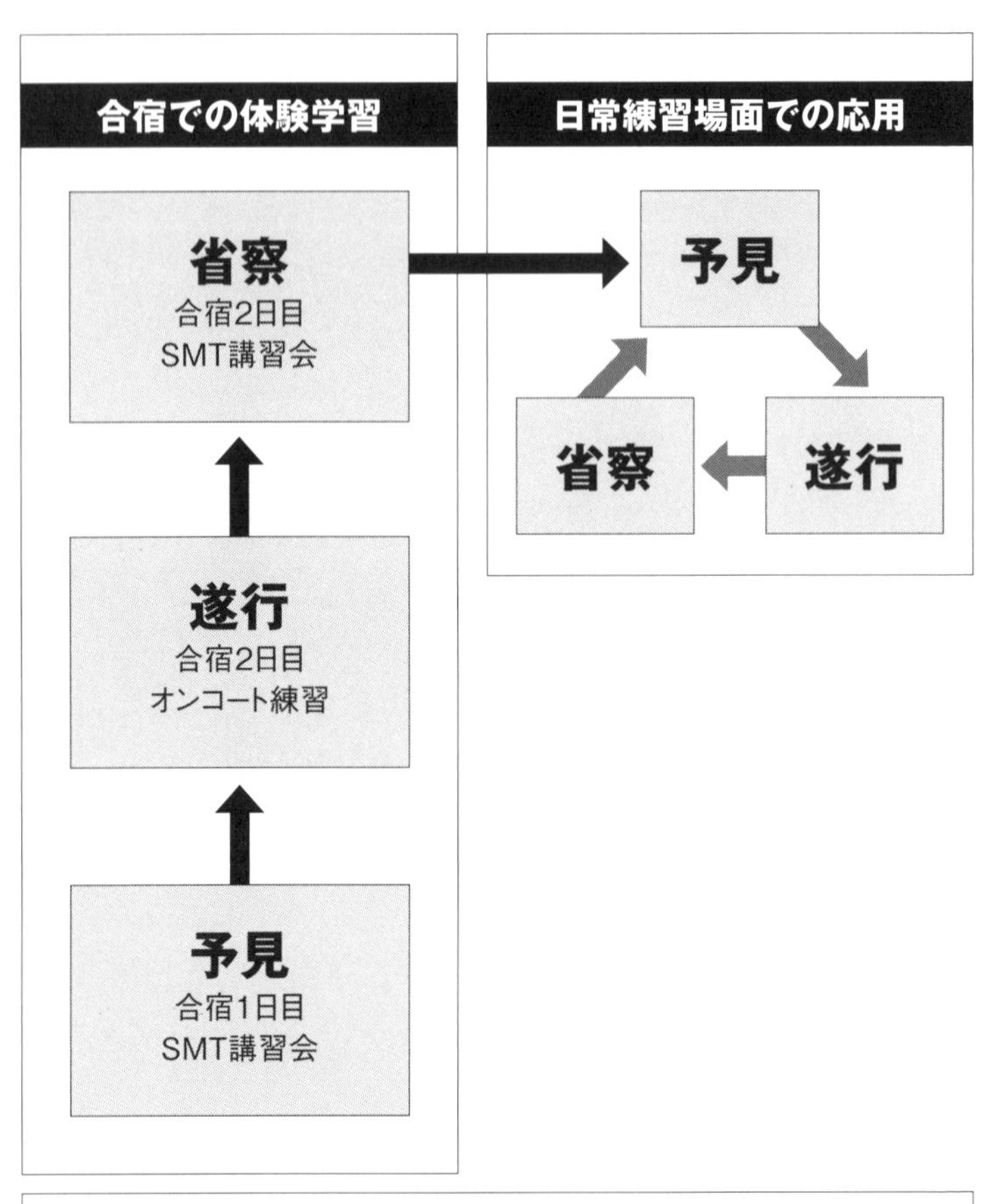

図14-2　自己調整学習の日常場面での応用（近藤ら, 2022）

域での練習への取り組みが、よりプレーヤー主体になることが重要であり、プレーヤーには自ら目標を設定して遂行し、それを省察できるスキルが必要となります。その体験を強化合宿でしてもらうことで、日常練習場面での応用がなされていくだろうと考えています（図14－2参照）。そしてその成果として、地域から次世代を担うアスリートが生まれ、世界を相手に活躍してくれることをねらいとして、このメンタルトレーニング講習会が実施されていました。

2　主体性を育む条件

主体性、すなわち自分の意志や判断で率先して行動する態度を育むためには、どのような条件が必要でしょうか。スポーツ心理学では主体性を発揮してもらうためには、3つの条件が必要であると考えています。

1つ目は自律性です。自分の人生は自分が主役と考え、スポーツをやらされているのではなく自分自身で決めて行っている、という感覚です。特にジュニア年代のプレーヤーの場合、親に勧められたからとかコーチに褒められたいから、といった理由でスポーツに打ち込んでいる場合があります。もちろん、スポーツを始めるきっかけとしてそれらは有効ですが、主体性を発揮してより質の高い練習に取り組むためには、「自分の意志で決めてやっているんだ！」という気持ちが重要です。

講習会では、振り返りの際に、どのコーチからのフィードバックを求めるか、選手に決めてもらいました。プレーヤーに選択権を与え、自分の責任で取り組む機会を作ることは、自律性を高める重要な機会になると考えてのことでした。

2つ目は有能感です。一言でいえば、「自分ならできる！」と思えるような感覚であり、自信に近い概念です。自分にはできる能力がある、と確信的に感じられれば、自分の意志や判断で率先して行動する態度につながるでしょう。有能感は、特にジュニア年代では、成功体験や他者からの称賛によって身につく場合もあります。スポーツ心理学の研究では、信頼するコーチからの「君ならできる！」といった言語的説得が有能感を高めることが知られています。

講習会では、できなかった改善点よりも先に、できたと思うことを取り上げて振り返りを行っていました。もちろん、できなかった点を反省し、改善点を考えることも重要ですが、目標を定めて挑戦し、実際にできたことを深く掘り下げることで、次の目標に対しても「自分ならできる！」と思えるようになることをねらっていました。また、グループディスカッションにおいて、「何を意識することでうまくいったのですか？」とか、「どのような状況でうまくいったのですか？」といった質問に答えることは快感情を伴うものでもあり、有能感を生み出すポジティブな雰囲気が生まれたと思われます。

３つ目は関係性です。プレーヤーがより主体的に活動する際には、そこでの人間関係が良好であり、心理的安全性が確保されていることが重要です。特にスポーツでは、チームJAPANとしての心理的絆が大切にされており、この点は代表監督であるヨンさんも強化合宿の目的に掲げて重視していました。

講習会では、ワールドカフェ方式でメンバーを替えながらグループワークを繰り返し、アクティブな交流を続けていきました。その結果、笑顔や歓声があふれる活発なミーティングとなり、より良い関係性の構築に役立ったと思われます。

事例のその後

合宿は成功裏に終了し、参加した選手からはポジティブなコメントが多く寄せられていました（表14－1参照）。特に選手自身の思考や感情、アイデアをグループ内で発表し、多様な観点からなされた質問に回答するといった経験が新鮮であり、それにより多くの気づきを得られたことがうかがえました。

さらに、監督・コーチからのフィードバックや対話を通じて、それまで気づかなかった自身の強みを見出したり、今後はさらに課題意識をもってやっていこうとする決意なども垣間見えました。

表14-1　メンタルトレーニング講習会に対する選手の感想（抜粋）

競技に対してただ漠然としたイメージしか持っていなかったが、言葉に落とし込むことで「自分はこうありたい」など具体的に思案することができた
良いショットやサーブが出た際、「なぜうまくいったのか」を追求して、どんどん質を上げていくことで、偶然に出た良いショットも必然的に打てると考えることができた
ウイニングショット(WS)を打ったとき、WSの前のショットはどんな感じだったか、その前はどうかなど、WSが出たポイントを最初から整理することができた。それによって、今まで以上に試合展開を広げることができたので、今後も突き詰めていきたいと感じた
コーチからの質問で、気づかされる部分が多くあった。コーチと話しながら自分の中で整理ができた
コーチからいろいろアドバイスをいただいて、自分の中で今何が大切か、何に気をつければいいかなど、今の自分に必要なことが分かった
自分の目標を誰かに話すことの大切さを学んだ。誰かの前で発表するのはとても緊張したが、皆さんがすごく向き合って一緒に考えてくださっていることが身に染みた
自分だけでなく、周りのコーチから見た評価がほとんど同じだったので、さらに課題を見つけて目標を立て、1つずつ克服できるようになりたいと思った
いろんな方からの意見を聞いて、今の自分に必要なことを見つけることができたので、これからそれを目標にして頑張ろうと思った
普段分からない客観的な意見を聞けた点がよかった
明確に目標を立てて具体化して練習に取り組むことで、1日の練習の中でいくつもの成長を感じとることができた
いろんな人のいろんな観点からの話があって、自分自身たくさんの刺激を受けた。また、こうやって紙に書いたり、言葉にすることで、新しい発見がたくさんあった

なお、この競技団体が進めてきた、次世代の強化育成はその後になって大きな成果を収め、世界トップ選手の引退後、すぐさま次世代育成プログラムで育った若いアスリートが世界のトップに上り詰めるなどして話題となりました。強化合宿から地域での主体的な取り組みへ、という代表監督であるヨシさんのねらいは達成されたものと考えられました。

また、ヨシさんはこの後、この競技団体の代表監督を勇退し、現在は様々な競技団体を統括するディレクターとして、日本のスポーツ界全体を見渡した強化育成に携わっています。日本のスポーツ界全体が、プレーヤーの主体性を大切にする環境へと、大きく変わっていくことが期待されます。

まとめ

本章では、自己調整学習理論をもとに、プレーヤーの主体性を育む振り返りの仕方について報告を行いました。現在、学校教育では、従来型の教師が「教え込む」指導から脱却し、学習者を中心とした「主体的・対話的で深い学び」、すなわちアクティブラーニングの重要性が指摘されています。

本章で紹介した実践は、アクティブラーニングを取り入れたメンタルトレーニング講習会ということができると思います。大切なこととして、プレーヤーの主体性を育むことは、単に競技力の向上のみならず、プレーヤーの人間力の向上にも役立つものであるという点があります。なぜなら、主体性を持ったプレーヤーは、自律的で有能感にあふれ、周囲との関係を大切にして、より自分らしくあろうとするので、人間的にも魅力あふれるアスリートを目指すからです。今後も、人間味あふれるアスリートの育成に、メンタルトレーニングを通じて貢献していきたいと考えています。

理解を深めるためのチェックポイント

1 本章で紹介したジュニア・ユースの選手たちへの講習会を担当する場合、あなたならどのように展開するか、またなぜそのように展開するのか、考えてみましょう。

2 あなたが現在成し遂げたいと考えている目標について、図14-1に示したSMARTの5つの観点から点検評価してみましょう。そのうえでこの5つの基準を満たすためには、どのように目標を掲げるのが良いか、考えてみましょう。

3 本章では主体性を育む条件として、自律性、有能感、関係性の3つを提示しました。この3つの条件を高めるために、あなたが所属している集団やチームにおいて、具体的にどのような取り組みが有効になるでしょうか。できるだけ多くの選択肢や活動を考えてみましょう。

第15章 メンタルトレーニングのこれまでとこれから 学び続けることの大切さ

本書では、コーチとアスリートのための「こころ」の強化に役立つ教科書（強化書）を目指して、スポーツ心理学の研究成果に基づく心理サポートの理論と実践について情報提供を行ってきました。メンタルトレーニングに興味があると言って来談したサトシさんの事例（第1章）に始まり、自己への気づき（心理アセスメント）、目標設定、あがりの予防とリラクセーション、イメージトレーニング等のメンタルトレーニングにおいて中核をなす技法を、実際に取り組んだアスリートの相談事例を通じて紹介してきました。

各章の途中では、チームビルディングやストレスマネジメント、ソーシャルサポートの活用のような、スポーツ心理学のより応用的な内容についても報告しながら、前章では主体性を育む振り返りの仕方を紹介しました。

心理アセスメント（見立て）や目標設定に始まり、ピークパフォーマンス分析など、様々な実践的な方法を紹介しながら、成果の振り返りと改善計画の立て方までを紹介できたので、メンタルトレーニングに関するPlan（計画）→Do（実行）→Check（評価）→Act（改善）からなるPDCAサイクルの全体像を示すことができたと思います。

本書では、メンタルトレーニングのPDCAサイクルのそれぞれを分かりやすくするために、メンタルトレーニング技法を順番に、その一部分に焦点を当てて紹介をしてきました。しかし実際には、このサイクルは一人のアスリートとの関わりで繰り返されるものでした。

例えば、オリンピックに3度出場したアスリートへの心理サポートでは、4年ごとに3回のPDCAサイクルを12年にわたって実施しました。その過程で、アスリートの目標はオリンピック出場から入賞、メダル獲得へと変わっていきましたので、提供する心理サポートの内容も自ずと変化していきました。また20年以上関わっているプロスポーツチームでは、毎年対象とする新入団選手こそ変わりながらも、球団としては毎年このPDCAサイクルを回しながらプログラムをより良いものにしていくということもありました。

同時に、心理サポートの担当者である筆者も、そのサイクルの中で自身の課題に向き合い、失敗から学びながら成長してきたことに気づきます。本稿では、本書の最後の章にあたり、筆者自身を事例として、この35年間のＰＤＣＡサイクルについて振り返りながら、心理サポート担当者に必要となる資質について考えてみたいと思います。

事例の提示
「役立つ支援」に悩み続けた心理サポート担当者のヒロノブさん

本書の執筆者、ヒロノブさんは１９８９年に大学院を修了したスポーツ心理学者で、アスリートやコーチに対する心理支援を35年間にわたって行っています。日本スポーツ心理学会の設立が１９７４年ですから、ちょうど日本でメンタルトレーニングが流行し始めた頃に大学院で学んだ、いわゆるスポーツ心理学の第三世代にあたります。

第一世代は東京１９６４大会に向けて心理サポートの黎明期を切り開いた世代、第二世代はスポーツ心理学会を設立し、研究のプラットフォームを構築した世代、そして私たち第三世代はその恩恵を受けて研究と実践に取り組んできたという歴史があります。

ヒロノブさんは大学院では実践的なスポーツ心理学の第一人者でもある教授のもとコーチ学を専攻し、リラクセーションやイメージ技法、さらに動作法等の臨床心理技法を学びました。そしてこれらの技法をスポーツ分野でも応用できないかと考え、実証的な研究を行ってきました。特に、アスリートの実力不発揮やスポーツ傷害、燃え尽き現象に興味があり、これらの問題で苦しむアスリートの役に立ちたいと思っていました。しかし、この「誰かの役に立ちたい」という思いは心理サポート担当者にとって諸刃の剣でもあり、アスリートを教育しようとして上から目線になってしまったり、おせっかいであったりと、当時は心理サポートも決して充実したものではなかったように思います。

大学院修了後、ヒロノブさんが最初に心理支援で携わったのはオートレーサーのメンタルトレーニングでした。オートレーサーはレースの賞金が収入となり、平均年収は1千万円を超え、トップ選手になると1億円にもなるプロアスリートです。競馬や競輪、ボートレースと同様の公営競技であり、ファンが着順を予想し投票するので、その期待に応えて実力を発揮しなければならないというプレッシャーが大きく、また時速150キロと公営競技の中で最もスピードが出る競技のため危険とも隣り合わせであり、メンタルがとても重要な競技です。

そのため、メンタルトレーニングを通じて飛躍を遂げていく選手がいるとうれしくなり、誇らしい気持ちにもなりました。しかし実際にはこれら成果を挙げるアスリートがいる一方で、予期せぬ落車で大きな負傷を負う選手もいました。科学的に正しいことが常に個々の選手に役に立つとは限らない、という現実を突きつけられ、それに悩むことが多くありました。この頃から、自身の心理支援がアスリートの望む結果につながられるような、本当の意味でのスキルアップを図りたいと考え、当時カウンセリング学会の理事長を務めていた故・國分康孝教授に師事し、エンカウンターというグループスーパービジョンを体験しながら、カウンセリングを学ぶようになりました。

その後30代中盤からは、カウンセラー資格取得を機に大学生アスリート用に設置された心理相談室でカウンセラーをしながら、メンタルトレーニングの活用範囲を広げていきました。オートレーサーの場合のように大切な試合での実力発揮への個別支援を中心にしながら、大学教育の一環として新入部員のストレスマネジメントを行ったり、サッカーやバスケットボールなど集団スポーツのチームワーク向上のためのチームビルディングを行ったりしていました。

メンタルトレーニングの知識や技法を活用することで、競技力の向上や実力発揮に役立つ支援ができているという実感を持つ一方で、そのような関わりがアスリートやチームの試行錯誤や、失敗を通じて学ぶ機会を奪っているのではないかとも考えるようになりました。真に役立つ心理サポートとはどのような関わりなのか、について模索する時間が続きました。

40代に博士論文をまとめる機会があり、自身の心理サポートの事例を振り返る時間が多くなりました（土屋，2012）。そんな中で、選手に役立つ支援とは、國分教授の「させようとする前に分かろうとせよ」のカウンセリング哲学のもと、本人の問題解決への主体性を信じて、決して邪魔をせず、おせっかいにもならず、そこに居続けられることではないかと考えるようになりました。これを勝手にDNA（Do Nothing Approach、相手の問題解決に向けた取り組みに最大限の配慮をしながらも、何もしないことに全力を尽くすアプローチ）と呼び、常に自身の態度・行動を戒めながらアスリートやチームに向き合ってきました。本稿でたびたび触れてきた、プレーヤーズ・センタードな関わりの原点になった体験です。

とは言え、ついついアスリートの思考よりも先回りして対応してしまう悪癖は抜けず、またアスリートの実力発揮やチームの勝利という点ではそれが奏功することも多かったため、メンタルトレーニング担当者としての強みは自身の成長を妨げる弱みでもあるといった課題に直面していました。当時、四天王寺でたびたび聴講した故・河合隼雄先生の講座の中で出てくる「自我の支えは魂の障害」といった言葉がズシリと重くのしかかった40代でした。

そんなことがあり、ヒロノブさんは次第になぜカウンセリングやメンタルトレーニングで問題が解決するのか、そして人が変わる（成長する）ためにはどのような条件が必要なのか、といった問題意識を抱えながら実践を行うようになりました。すなわち自分自身の在り方への問いです。この頃から、深層心理学派（精神力動系）臨床家のスーパービジョンを受け、自身の内的な取り組み（アクティブ・イマジネーション）と合わせながら、心理支援を行っていきました。

以上を振り返ると、スポーツ領域で様々な心理支援を行いながらも、担当者として自身のあり方に揺れ動きながら、およそ35年間にわたり活動を続けています。

理論解説

1 ティーチングとコーチング

「やってみせ、言って聞かせて、させてみて、ほめてやらねば、人は動かじ」とは、かつて連合艦隊司令長官を務めた山本五十六の言葉として伝えられています。この言葉には、示範や指示、説得、提案、称賛といった指導者のポジティブな関わりの大切さが示されています。この言葉には続きがあると言われており、それは「話し合い、耳を傾け、承認し、任せてやらねば、人は育たず」のように伝えられています。2つ目のフレーズでは、観察、質問、傾聴、承認、委譲といった、心理サポートで重視される関わりが示されています。

この2つの言葉を並べて対比すると、前者が「教える」(teaching) の要素が強いのに対して、後者はアスリートやコーチの主体性を大切にする「育む」(coaching) といった視点が重視されているように感じられます。

このティーチングとコーチングの関係を概念的に示したものが図15-1です。両者の違いは意思決定の割合がコーチ（スポーツ指導者や心理サポート担当者）なのか、あるいはプレーヤーなのか、どちらに重きが置かれているかを示しています。意思決定の割合がコーチに偏れば「教える」ことが中心となりますが、プレーヤーの自己決定の割合が増えれば彼らの主体性が発揮されるように、「育む」環境づくりへと移ります。

事例として紹介した通り、筆者自身、大学院修了の頃は、様々な技能や知識を身につけたという自負が強く、そのためアスリートに対して「教える」といった関わりが強かったように思います。実際には、リラクセーション技法やイメージトレーニングの方法などをレクチャーすることが多く、そのため示範や指示、説得といった関わりが中心でした。今から振り返ると、私自身は良いサポートができていたと思っていても、アスリートやコーチの主体性を大切にする「育む」という視点から見ると、未熟で不十分な態度や行動が多々

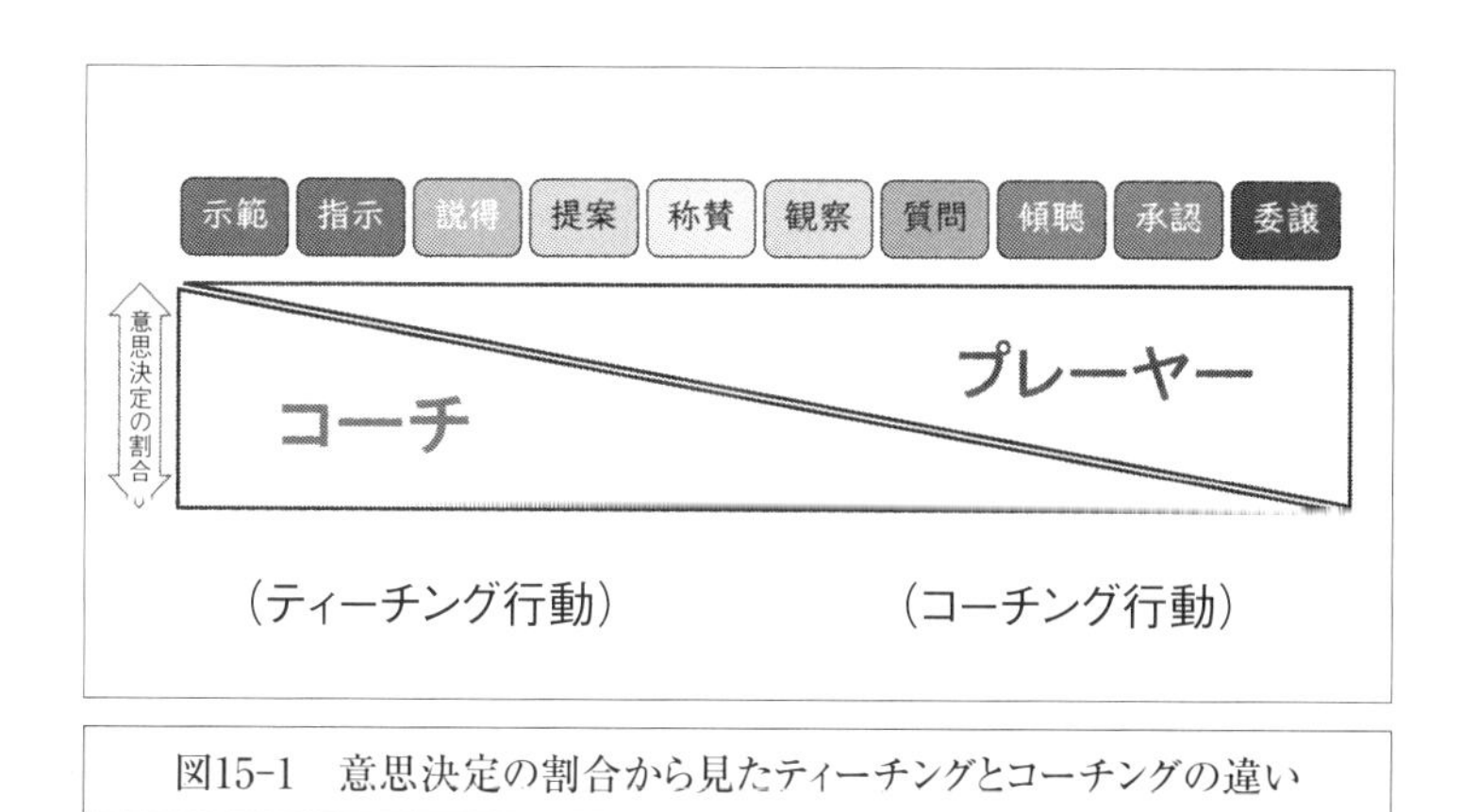

図15-1　意思決定の割合から見たティーチングとコーチングの違い

あったように思います。

もちろん、心理サポートではアスリートの状況によっては「教える」という関わりが必要な場合もありますが、個々のアスリートの状況を十分吟味することなく用いると、アスリートは「正しいこと」だけを押し付けられたように感じ、苦しみが増すこともあったかもしれません。

例えば、ブレーキも付いていないバイクに跨り時速150キロで走行して順位を争うオートレーサーに対して、「緊張しないでリラックスしていこう！」と言うのは科学的には正しい対応でしたが、落車に不安を抱えるアスリートに対する心理サポートとしてみると、真に役立つ援助であったかどうかは今となっては疑わしいものです。少なくとも、私たち人間には「分かっているけれどできない」性分があり、それを乗り越える方法は、本人の主体的な試行錯誤の経験の中からしか出てこない、すなわち「教える」よりも「育む」環境が必要になると思われます。

2 こころの成長を説明するカウンセリング理論

30代にこのような経験を経て、次第にメンタルトレーニングはなぜ効果があるのかという問いから、人間の成長に興味を持つようになり、その視点からカウンセリング理論を学ぶようになりました。図15－2は、代表的なカウンセリング理論を3つに分け、その特徴を示したものです（土屋，2023）。

図中左の行動理論では、人間は基本的に知識や技術を学習して成長すると考えており、アスリートの悩みに対してカウンセラー側に一定の答えがあると想定しています。例えば、「試合になると緊張して不安になる」といった悩みの場合、その不適切な緊張状態（ストレス反応）を軽減するために、リラクセーション技法を教えるといったことが想定されます。

次に図中心に配置された自己理論は、心理学者カール・ロジャースの来談者中心療法を基盤にした理論であり、アスリートは、カウンセリングを通じて気づきと深い自己理解（洞察）により成長すると考えています。したがって先の行動理論ではアドバイスや助言が多くなるのに対して、自己理論に根ざすカウンセラーは、悩みの解決策は本人が主体的に見出すべきだと考えるので、アスリ

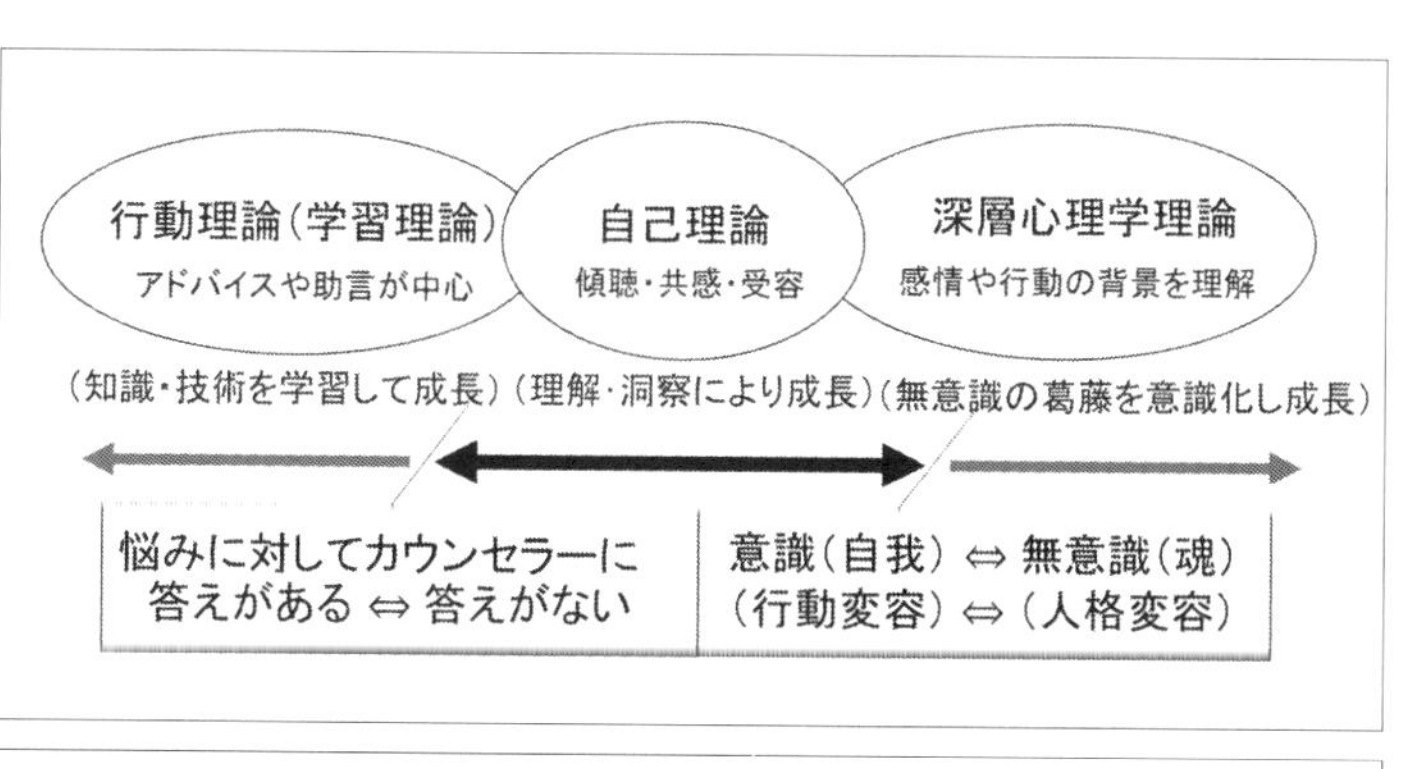

図15-2　カウンセリングにおける代表的な3つの理論（土屋，2023）

ートの話に耳を傾け、傾聴・共感・受容の度合いが高くなります。

例えば「競技を続けるべきかどうか」に迷うアスリートの相談では、「続けたほうが良い」とか「引退したほうが良い」といった悩みの答えはカウンセラー側にはなく、アスリート本人が納得して決められるよう傾聴しながら寄り添うことになります。

最後に図中右に示した深層心理学理論は、無意識の存在を肯定し、人格の変容（成長・成熟）を目指す理論です。先の行動理論や自己理論が目標にしているのは、現実（意識レベル）の問題解決であり、基本的には行動の変容が目的です。しかし深層心理学理論では、無意識の葛藤を意識化することで、人格の変容を目的としています。

例えば「競技を続けるべきかどうか」に迷うアスリートの相談では、「なぜこの時期にこういった悩みを抱えるのだろうか」と考え、意識や行動の背景（無意識）を理解するように努めます。その結果、「競技を続けるべきかどうか」といった悩みを抱えながらも、より自分らしく生きていこうとする姿を注視していくことになります。

筆者の場合、大学院でメンタルトレーニング技法を学ぶ中で行動理論に親しみ、その後スポーツカウンセリングルームでの心理相談業務の中で自己理論を学び、現在は深層心理学的理論との出会いから自己研鑽を行っています。それぞれの理論に優れた点があり、相互に重なりもありますが、アスリートやチームの置かれた状況において真に役立つためのサポートは何かを探る際の、有効な理論的枠組みになっています。

事例のその後

ヒロノブさんも50代になると、自身が30代、40代の頃にスポーツカウンセリングルームで出会い、メンタルトレーニング指導を通じて飛躍を遂げたり目標を達成したりしたアスリートが引退後、プロチームのコーチや日本代表監督になるようなケースが増えてきました。60歳を目前に控えた現在は、コーチデベロッパーとして、彼らコーチへのコンサルテーションやメンタリングなどの交流が続いています。そんな関わりの中で、今度は彼らが指導するチームや競技団体に請われて、現役のアスリートに対してメンタルトレーニング指導などを行うようになりました。

この35年間でスポーツ界も大きく変化し、様々な競技でプロスポーツ化が進みました。その結果、従来のオートレーサーやゴルフ、野球といったプロアスリートだけでなく、さらにサッカーやラグビーといったメジャーなプロスポーツの現場にも関わるようになり、スポーツの多様性を知る機会になりました。

また日本オリンピック委員会の科学サポート部門のメンバーとして日本代表チームでの関わりから、オリンピックやパラリンピックなど、国際的な視野からスポーツの価値や日本社会におけるスポーツの意義についても考える機会が増えました。特にコロナ禍で1年延期後に実施された東京２０２０大会では、競技力向上・実力発揮への支援と同時にメンタルヘルスの保持増進のための心理サポートを行うことになり、スポーツがもたらしうる心理社会的な幸福（ウェルビーイング）とはどのようなことかを深く考えるようになりました。

他に国体開催県のメンタルアドバイザーや地域タレント選手への心理支援などを通じて、ジュニア・ユース年代への心理支援の重要性についても知るようになりました。これらの学びは日本オリンピック委員会アントラージュ部会での活動、さらに日本スポーツ協会でのコーチ養成事業でも活かされることになり、第13章で紹介した体罰やハラスメントとは無縁のグッドコーチ育成にも深く影響しました。

いずれを振り返っても、アスリートやコーチ、チームから学んだ35年間であったと感じます。私たちスポーツ心理学者は、スポーツ心理学の「研究」の専門家ですが、現場で活動するアスリートやコーチはスポーツ心理学の「実践」の専門家であり、私たち心理サポートの担当者は、彼らから学ぶことでようやく真のスポーツ心理学者になれるのだということ

2023年6月に開催された第17回JATI研修会にて講演する筆者

を、身をもって知ることができました。

同時に、監督やコーチの指導理念や哲学に触れる機会が増え、MCCで言うところの自分自身の「思考・判断」について学びを深めることが多くなっていきました。そして、大学院での研究指導やカウンセリングのスーパーバイザーとして、これらの経験を、心理サポートを担当する次の世代に伝えていくことの大切さを感じています。

まとめ

本書のまとめにあたり、筆者自身を事例として、様々な悩みを抱えながら心理サポートの専門家を目指した35年間の歩みを振り返りつつ、心理サポートの専門家として活動するとはどのようなことかについて考えてみました。そのプロセスは技法指導を中心としたティーチングから、アスリートの主体性を大切にするコーチングへと移行し、同時に行動理論から自己理論、深層心理学理論へと学びを深めてきました。その背景には、自身の心理サポートの未熟さが、自身の人間としての未熟さの表れであることにだんだんと気づき、スーパービジョンなどを通じて、自身の資質向上に取り組んできたという経緯がありました。

この一連の流れは、第13章で紹介したグッドコーチになるためのモデル・コア・カリキュラムにもよく当てはまるようです。大学院修了後から今日まで、一番外側の「知識・技能」の学び（例えばメンタルトレーニング技法）から、中盤の「態度・行動」の学び（例えばカウンセリングマインド）、そして中核にある「思考・判断」の学び（コーチデベロッパーやスーパーバイザー）へと進んできたことが分かります。「知識・技能」の学びに留まらず、「態度・行動」から「思考・判断」のような、いわゆる人間力を高めるためのトレーニングに時間を割くことができたのは、自身の内的課題から発した必然とはいえ、いろんな出会いやありがたい偶然も重なって、とても得難い体験でした。

「学ぶことをやめたら教えることをやめなければならない」。フランスのサッカー元代表監督ロジェ・ルメールのこの言葉は、心理サポートの担当者（スポーツメンタルトレーニング指導士・公認心理師）としても大切に噛みしめたい言葉です。今回の振り返りからは、これまでアスリートやコーチの皆さんの成長を願いながら心理サポートの活動を行ってきたつもりでしたが、その活動の中で成長しなければいけなかったのは自分自身だったことに気づかされます。

スポーツで直面する様々な困りごとや悩みごとは成長の糧となり、アスリートとしての学び、指導者としての学びの機会を与えてくれていました。読者はスポーツを通じてどのような悩みを体験されましたか。皆様にとって、本書が学びの振り返りを促すきっかけになれば幸いです。

理解を深めるためのチェックポイント

1 本章で紹介した心理サポート担当者自身の振り返りを踏まえ、あなた自身はこれまでの人生において、どのような経験をしながら自身の課題に向き合ってきたか、考えてみましょう。

2 本章で紹介したティーチングとコーチングの関係について、図15-1に基づき、あなた自身はどちらの関わりが多いか振り返ってみましょう。そのうえで、相手の主体性を育てるために、意思決定の割合を相手に委譲するためにはどのような工夫ができそうか、考えてみましょう。

3 こころの成長を説明する理論には、大きく分けて行動（学習）理論、自己理論、深層心理学理論の3つがあることを紹介しました。この3つの理論のうち、あなたの心理サポートのイメージに一番ぴったりくる理論はどれでしょうか。またその理論に基づくなら、あなたの支援を求める他者に対してどのように対応することがより援助的になるでしょうか。図15-2をもとに、考えてみましょう。

索引

あ

か

さ

英字

ま

や

ら

あとがき

本書は、コーチとアスリートの「こころ」の強化に携わってきた筆者が、メンタルトレーニングやスポーツカウンセリングの理論と実践について、スポーツに関心を持つ多くの方に知っていただくことを目的に刊行されました。執筆者は、この種の図書でよく見かける「カリスマ」メンタルトレーナーでもなければ、心理学の「第一人者」でもない、「普通の」心理師（スポーツメンタルトレーニング指導士）であることは「まえがき」に示した通りです。このような一般の方向けの概論書を執筆したのも初めての経験です。

もちろん研究図書や教科書などは多数執筆してはいますが、それを見ていただければわかる通り、日々の臨床と教育・研究活動はとても地味なもので、「こうすればこうなる」式の実用書や成功例満載のキラキラした自己啓発書とはかけ離れています。むしろ、読後はもやもやしてすっきりしないことの方が多いかもしれません。前述の通り、心理師として筆者は、「事例に始まり、事例に学び、事例に還る」ことを大切にしているため、自身の活動を一般の方に知ってもらおうとするよりは、目の前のクライエントやアスリートの役に立つことに没頭し、そして何よりそれは自分自身の成長のための活動だと考えていたことが影響していると思います。

それでは、どうして本書の執筆を始めたのか、その動機について振り返っておきたいと思います。本書のもとになる原稿を執筆し始めたのは２０２１年3月でした。この年は私が生まれた１９６４年に開催された東京オリンピックが、再び東京２０２０大会として開催されるはずだったにもかかわらず、新型コロナウイルスの蔓延により、1年延期される事態に発展し、先行きの見えない中でアスリートに寄り添い続けた時期でした。

筆者はこれまでも心理師として、自然災害を中心に、心理的危機を迎えている地域に出向いて心理サポートを行うことはありましたが、今回のいわゆるコロナ禍でのサポート活動は全く異なる経験でした。例えば、被災地でのサポート活動は、あくまで安全地帯にいる心理師が心身の装備をしっかりした上で被災地に出向いて支援を行い、そしてまた安全地帯である日常に戻る、ということが前提でした。しかしコロナ禍では、心理師である自身も「被災」しており、その中でメンタルヘルスの不調や誹謗中傷にさらされているアスリートたちの声に耳を傾け、支えようと試みた体験でした。

自身の心身の装備が十分でないこと、そして自身もコロナ禍にあって安全地帯を持たない中での支援のため、今までの臨床で培った経験則だけでは対処できない事柄にも少なからず直面しました。特に、延期された東京大会を中止せよと訴えるデモや、無観客の異様な雰囲気の中で競技を行わざるを得ないアスリートたちが、心身の不調を訴える様子をみて、自身の支援のあり方について、これで良いのかと自問自答することが多くなりました。その結果、日々の臨床、教育・研究活動に加えて、自身に対する自己探索的な活動に時間を費やすことが多くなりました。具体的には、アクティブイマジネーションというグループ・スーパービジョン体験に傾倒し、同時に自身のこれまでの臨床活動を振り返るため、事例を読み返す時間が多くなりました。それを『JATI EXPRESS』というトレーニングの専門誌に寄稿する機会を得て、15回分を書き終えたところで、それらをまとめて出版することになりました。これが本書誕生の経緯です。

本書をまとめる中で、「事例に始まり、事例に学び、事例に還る」という地道な作業を通じて、この35年の間に、多くのクライエントからこころの豊かさやしなやかさを学び、その歩みを共にさせていただいたことで、筆者自身も確かな成長につなげられてきたことを確認することができました。もちろん、いまだ足りないところのほうが多いのですが、しかしそれを伸びしろと捉えて、これからの人生も自己発見的に、前向きに歩んでいこうという、決意というか覚悟のようなものも芽生え始めました。

くしくも、この出版の節目でオリンピック２０２４パリ大会に日本選手団の安全・安心を守るウェルフェアオフィサーとして派遣されることになりました。本書のゲラ原稿を手に、１９６４年東京大会から60年を経て還暦を迎えた筆者が、約１ヵ月にわたりパリの選手村で臨床活動に専念できたことは、これも意味ある偶然と感じています。オリンピックという極限の状況の中で迷いが生じたときも、本書のあちこちに解決のヒントがちりばめられていることに気づき、それに救われる経験をしました。本文に度々記載されている「させようとするな、分かろうとせよ」や「ピンチはチャンス」などがその1例です。

もう1つの意味ある偶然として、これまで学習と研修の拠り所にしてきたスポーツ心理学会において、筆者が理事長として選出されたことも、本書を刊行する動機になっています。スポーツ心理学はすでに設立から50周年以上を迎え、国際スポーツ心理学会とも連携しながら体育・スポーツ科学の中核に位置づけられる分野として発展してきています。にもかかわらず、我が国においては、その研究成果や実践の恩恵を十分に得られていないアスリートの多いことも大きな課題であると感じました。

例えば日本代表選手であれば、国立スポーツ科学センターに所属するメンタルトレーニング指導士のサポートが得られるのに、地域のアスリートや中高生の部活動の現場にはそのサポートが届いておらず、スポーツ心理学の学習・研修経験のない担当者による「メンタルトレーニング」の弊害も目にするようになりました。そのためスポーツ心理学の研究成果や実践を、飾らない形で、できるだけ具体的に社会に伝えることは、学会理事長として自身に課せられた新たな任務だと感じたことも執筆の動機でした。

本書の刊行は、『JATI EXPRESS』編集担当の光成耕司様の薦めあってのことでした。筆者がまだ駆け出しの心理職だった頃からのお付き合いで、当時拙い原稿を丁寧に見ていただいた編集のプロに、初めて執筆した一般向け概論書の刊行のお手伝いを頂けたのは大変幸せなことでした。また、草思社の碇高明様には遅れがちな校正作業を忍耐強く見守っていただきました。記して感謝申し上げます。

読者の皆様にとっても、本書を手に取ってくださったことが意味ある偶然であったなら、これも執筆者として幸せなことです。本書が自身のこころの豊かさ、しなやかさに気づくきっかけとなり、この先の人生も本書で示した事例のように、自己発見的に歩んでゆかれることを願っています。

令和6年12月吉日　土屋裕睦

推薦のことば

スポーツ心理学の書籍に新たな地平を切り拓く一冊が誕生しました。本書は、日本トレーニング指導者協会発行の機関誌である『JATI EXPRESS』に15回にわたって連載された"コーチとアスリートのための「こころ」の強化書"を集約し、さらにブラッシュアップしてまとめ上げたものです。

大阪体育大学教授であり、長年にわたりスポーツ心理学の研究と実践に取り組んできた土屋裕睦先生の知見が凝縮された、まさにスポーツに関わるすべての人に向けた「道しるべ」となる一冊です。

スポーツ心理学と聞くと、アスリートのメンタル強化やプレッシャーへの対処法といった具体的な手法に目が行きがちです。しかし、本書ではそれを超え、コーチとアスリートのための「こころ」の強化に役立つ教科書(強化書)として、スポーツの枠を超えて、ビジネスパーソンにも通じる視点を提供しており、多くの読者にとって有益な内容となっています。

本書の最大の特徴は、各章が「事例の紹介」「理論的解説」「事例のその後」「まとめ」「理解を深めるためのチェックポイント」で構成されているため、学術的な裏付けと現場感覚との融合がなされていることです。実際のスポーツ場面で起こりうる具体的な問題や課題に対して、すぐに活用できる解決策が提示されているため、指導者が選手の心理面をより深く理解し、適切にサポートするためにも有用です。

さらに、スポーツ心理学が持つ可能性を社会全体の文脈に広げている点も、本書の大きな魅力です。土屋先生は、スポーツがアスリートの心を豊かにするだけでなく、コミュニティや社会の中で果たす役割にも焦点を当てています。読者は、スポーツを通じて心のしなやかさを育むことで、競技の枠を超えた価値を見出すことができる可能性があります。

スポーツに関わるすべての方々にぜひ手に取っていただきたい本書は、スポーツ心理学の可能性を拡張し、より良い未来を共に築くための一助となることでしょう。

日本トレーニング指導者協会 理事長　菅野昌明

引用・参考文献ならびに初出論文

第1章

1）中込四郎・土屋裕睦・高橋幸治・高野聰（1994）メンタルトレーニングワークブック,道和書院.
2）猪俣公宏（監訳）（1991）コーチング・マニュアル メンタル・トレーニング,大修館書店.
3）土屋裕睦・秋葉茂季，衣笠泰介，杉田正明（2021）新型コロナウイルス感染症の拡大が我が国におけるトップアスリートの精神的健康、心理的ストレス及びコミュニケーションに与える影響:日本オリンピック委員会によるアスリート調査2,Journal of High Performance Sport,7（2021）13-22.

第2章

1）土屋裕睦（2021）心理的ストレスと休養．杉田正明・片野秀樹（編著）.一般社団法人 日本リカバリー協会（監修）「休養学基礎: 疲労を防ぐ! 健康指導に活かす」.メディカ出版.
2）徳永幹雄・橋本公雄（2000）心理的競技能力診断検査DIPCA3.トーヨーフィジカル社.

第3章

1）速水敏彦（1998）自己形成の心理ー自律的動機づけ.金子書房.
2）日本スポーツ振興センター（2013）平成25年度文部科学省委託事業「デュアルキャリアに関する調査研究」報告書.
3）第1章文献3）参照

第4章

1）市村 操一（1965）スポーツにおけるあがりの特性の因子分析的研究（I）.体育学研究，9 巻 2 号 p. 18-22.
2）土屋裕睦（2023）運動心理の基礎理論,トレーニング指導者テキスト理論編.162-179.大修館書店.

第5章

1）第2章文献1）参照
2）佐々木雄二（1984）自律訓練法の実際:心身の健康のために.創元社.

第6章

1）成瀬悟策（1988）イメージの時代,誠信書房.
2）工藤和俊（2008）イップス（Yips）と脳.体育の科学,58（2），96-100.
3）中込四郎・土屋裕睦・高橋幸治・高野聰（1996）イメージがみえる:スポーツ選手のメンタルトレーニング．道和書院.

第7章

1）Garfield,C. and Bennett,H.Z（1984）Peak Performance. Mental Training Techniques of the World's Greatest Athletes. Warner Books.
2）第6章文献3）参照

第8章

1）土屋裕睦,中込四郎（1996）ソーシャルサポートの活性化をねらいとしたチームビルディングの試み.スポーツ心理学研究,23-1:35-47
2）土屋裕睦（2012）ソーシャルサポートを活用したスポーツカウンセリングーバーンアウト予防のためのチームビルディングー.風間書房,1-280.

第9章

1）第2章文献1）参照
2）横山和仁監訳（2015）POMS 2 日本語版.金子書房.
3）土屋裕睦（2020）スポーツ科学からみた心技体について考える:第7回世界なぎなた選手権大会から.武道学研究,52（2）:1-5.

第10章

1）奥村基生,土屋裕睦,武藤健一郎,佐藤成明,香田郡秀（2001）大学剣道新入部員の適応支援を目的とした心理的サポートの実践.スポーツ教育学研究,21（2），93-101.
2）土屋裕睦（2014）構成的グループエンカウンター応用.日本教育カウンセラー標準テキスト上級編.図書文化,86-93.

第11章

1）第8章文献2）参照
2）土屋裕睦（2021）競技現場でのソーシャルサポートの活用.中込四郎（編著）「スポーツパフォーマンス心理臨床学ーアスリートの身体から心へー」岩崎学術出版社,253-272.

第12章

1）International Olympic Committee（2021）IOC Mental Health in Elite Athletes Toolkit. https://stillmed.olympics.com/media/Document%20Library/IOC/Athletes/Safe-Sport-Initiatives/IOCMental-Health-In-Elite-Athletes-Toolkit-2021.pdf
2）土屋裕睦（2023）青年期のスポーツ活動とメンタルヘルス.運動部活動から地域スポーツクラブ活動ー新しいブカツのビジョンとミッション.207-218.
3）土屋裕睦（2024）気持ちが落ちている・上がらない;スポーツ心理学の視点,山口達也（編著）メンタルに悩むアスリート寄り添いケアするための本.新興医学出版,26-37.
4）World Health Organization（2001）Strengthening mental health promotion.（ Fact sheet, No. 220）. https://www.who.int/news-room/fact-sheets/detail/mental-health-strengthening-our-response.

第13章

1）土屋裕睦（2014）スポーツ指導における暴力根絶に向けてーストレスマネジメント教育への期待ー.ストレスマネジメント研究,10-2:79-87.
2）伊東雅充・土屋裕睦（執筆協力）スポーツ庁/日本スポーツ協会（制作協力）（2022）実践!グッドコーチング・レベルアップ編～ハラスメントなくプレーヤーの成長を支援するために.PHP研究所.

第14章

1）近藤みどり・中澤吉裕・船江美香・三浦雄一・土屋裕睦（2022）車いすテニス次世代強化育成選手へのメンタルトレーニング実践報告ーアクティブラーニングを用いた自己調整学習の取り組みー.メンタルトレーニングジャーナル,15巻,11-16.
2）バリー・ジマーマン,ディル・シャンク,塚野州一（2006）自己調整学習の理論.北大路書房.

第15章

1）土屋裕睦（2023）スポーツカウンセリング.荒木雅信（編著）「これから学ぶスポーツ心理学三訂版」,大修館書店,120-129.
2）土屋裕睦（2012）アスリートへのメンタルサポートと震災.「揺れるたましいの深層ーこころとからだの臨床学」.山中康裕（監修）.創元社,236-245.
3）第8章文献2）参照
4）第13章文献2）参照
5）老松克博（2000）アクティヴ・イマジネーション:ユング派最強の技法の誕生と展開.誠信書房.

著者略歴———
土屋裕睦（つちや・ひろのぶ） 大阪体育大学教授

1964年生まれ。1987年筑波大学体育専門学群卒業、1989年筑波大学大学院体育研究科コーチ学修了。博士（体育科学）。筑波大学文部技官、助手を経て1997年大阪体育大学着任、2008年より現職。公認心理師、スポーツメンタルトレーニング上級指導士として、体育系大学の学生相談室やプロスポーツチームでスポーツカウンセラーを担当するほか、日本オリンピック委員会アントラージュ部会員ならびに科学サポート部門員として日本代表チームにてメンタルトレーニング指導を担当し、パリ2024五輪大会には日本選手団として参加。文部科学省「スポーツ指導者の資質能力向上のための有識者会議」（タスクフォース）委員、日本スポーツ協会「コーチ育成のためのモデルコアカリキュラム作成」ワーキング座長を歴任。日本スポーツ協会コーチトレーナー兼コーチデベロッパーとして公認コーチ育成に携わる。専門はスポーツ心理学、スポーツカウンセリングであり、チームビルディングの研究で日本スポーツ心理学会賞、燃え尽き予防の研究で日本体育学会奨励賞、メンタルサポートの研究で日本カウンセリング学会松原記念賞を受賞。著書に『ソーシャルサポートを活用したスポーツカウンセリング』（風間書房）、『スポーツメンタルトレーニング教本三訂版』『トレーニング指導者テキスト理論編 3訂版』（いずれも共著、大修館書店）等、多数。剣道教士七段。

アスリートのための「こころ」の強化書
メンタルトレーニングの理論と実践

2025年2月6日　第1刷発行

著　者　土屋裕睦
デザイン　山﨑裕実華
発行者　碇　高明
発行所　株式会社 草思社
〒160-0022　東京都新宿区新宿1-10-1
電話　営業 03（4580）7676　編集 03（4580）7680
印刷所　中央精版印刷 株式会社
製本所　加藤製本 株式会社

ISBN978-4-7942-2693-8 Printed in Japan　検印省略